阳明心学
与无我领导力

王 坪 李晓科 ◎ 著

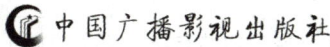
中国广播影视出版社

图书在版编目（CIP）数据

阳明心学与无我领导力 / 王坪 , 李晓科著 . -- 北京：中国广播影视出版社 , 2025. 6. -- ISBN 978-7-5043-9336-4

Ⅰ . B248.25；F272.91

中国国家版本馆 CIP 数据核字第 2025JP0019 号

阳明心学与无我领导力

王坪　李晓科　著

责任编辑：	王　萱　胡欣怡
封面设计：	米　乐
责任校对：	龚　晨

出版发行	中国广播影视出版社
电　　话	010-86093580　010-86093583
社　　址	北京市西城区真武庙二条 9 号
邮政编码	100045
网　　址	www.crtp.com.cn
电子信箱	crtp8@sina.com

经　　销	全国各地新华书店
印　　刷	三河市龙大印装有限公司

开　　本	880 毫米 ×1230 毫米　1/32
字　　数	220（千）字
印　　张	10
印　　次	2025 年 6 月第 1 版　2025 年 6 月第 1 次印刷

书　　号	ISBN 978-7-5043-9336-4
定　　价	70.00 元

（版权所有　翻印必究 · 印装有误　负责调换）

赞 誉

在战略咨询中，有幸通过企业家接触到阳明心学。其中"改过、立志、勤学、责善"，与企业战略制定中的差距分析、战略意图、五看三定、闭环管理高度契合。而由好友李晓科、王坪所著的《阳明心学与无我领导力》一书，更全面地诠释了阳明心学的内涵，以及与现代管理理论的相通性，并通过成功企业的管理实践进行了对比印证。相信本书对企业家提升管理理念、修炼管理思想，具有很好的指导意义。

——华为前战略部部长　兰涛

王坪和我有多年在 IBM 共事的经历，在我创立企业发展的过程中得到了王坪的很多帮助，王坪深度参与到公司战略、管理层培育和组织发展等环节中。王坪、李晓科著的《阳明心学与无我领导力》一书，不仅诠释了阳明心学，同时理论结合实践,从有形的管理上升到管理理念、管理哲学的层面,对创业者和企业高层管理者都具有很好的指导意义。

——派拉软件创始人　谭翔

推荐序一

无我之我的力量

王坪和李晓科合著的《阳明心学与无我领导力》一书分三部分,由"阳明心学""无我领导力"和"企业实践"三个关键词统领,核心是"无我"。

无我,是良知的根本属性,是阳明心学追求的圣人境界。圣人无我,而天人合一和万物一体。

《道德经》说,天得一而清明,地得一而宁静,君王得一而国泰民安。"一"是道,根本属性是无我。天因无我而覆盖和利益万物,地因无我而承载和生养万物,天地成就万物,富有万物。

天人合一时,人就拥有了天地包容万物的道德、精神和力量。万物一体时,人就凝聚了万众一心、众志成城的情感、追求和能量。

有多大胸怀,能包容多少人,能汇聚多少人的能量,就能带领多少人成就多大的事业。人无我时胸怀最大,这时就是齐天大圣。孙悟空的名字蕴含无我的智慧。"孙"，意为谦逊，要谦逊到极致；"悟"，意为心中无物，不沉溺、不纠缠、超越于万事万物；"空"，意为空掉自我。"我"字由两个"戈"字组成，像一人举着两把刀，很难团结群众。

无我时，精益求精地研制产品，全心全意地做好服务，就能与客户和市场融为一体，最终收获千百万客户和广阔市场。无我时，鞠躬尽瘁地领导员工，尽心尽责地服务同事，就能和广大员工、同事融为一体，最终形成目标一致、勇往直前、排山倒海的无穷力量。

无我时，谁当家做主？天地无我，日月恒常运转，四季有序更替。人无我时，良知真正彰显和当家做主。良知自带自生、自主、自在、自由、自觉、自明、自律、自强、自足等无限属性，并伴有生生不息的创造性。真善美是良知的永恒伴侣。

如何无我？最直接的方法是：起心动念时，看透和化解损人利己的恶念、自私自利的邪念以及胡思乱想的杂念；看透和化解名利心、得失心、贪婪心、易怒心、傲慢心、多疑心、嫉妒心、虚伪心、无聊心、寂寞心等一切假恶丑的心念。化解假恶丑，彰显真善美。这是有为，是致良知。最高明的方法即无我，本来就在那里，我们没出生时它就在，我们不在时它还在。这是无为，是良知。

无我之我是大我。大我做事业时，要树立一个恒定的远大志向，用理想和愿景感召人，用文化武装人，用名利激励人，用技术信服人，用制度规范人，用情感温暖人，用胸怀包容人，用信仰团结人，用真诚感化人，用智慧引领人，用生命照亮人，用持之以恒、永不放弃的进取精神率领大家竭尽全力地奉献自己，为中华民族伟大复兴而奋斗，为人类科技进步和社会文明而奋斗，创造物质财富和精神财富，实现人生和团体价值最大化。这是无不为，是致良知于事事物物。

王坪有在华为的工作经历，并有多年的企业管理经验；李晓科在华为工作二十多年，做到高管。两位作者用阳明心学修身，用阳明心学解读无我领导力和优秀企业实践，本书含藏着作者来自生命实践又高于生命实践的智慧结晶。

如何开发和淬炼无我领导力？本书指明了方向。

王程强

癸卯阳春于诚一斋

（王程强：《王阳明》《厉害了！王阳明》《王阳明家书》《王阳明咏良知手迹》《王阳明咏良知墨迹》《王阳明家书家训》等书作者。郑州航空工业管理学院中国文化与市场经济研究员。河南省儒学文化促进会王阳明研究会执行会长，河南省儒学文化促进会宣讲团副团长。）

推荐序二

领导者的终极追求

我和本书作者王坪老师素昧平生,但冥冥中肯定颇有缘分。前一段时间在观看加瓦团队教练的学员谈课程收获的视频时,我对身边的汪慧老师说:"视频中有位先生非常有水平。"汪老师回答道:"我知道你说的是谁。他叫王坪。"没想到几天后,汪老师又对我说:"前几天你提到的那位王老师写了本《阳明心学与无我领导力》的书,想请你写篇序。"领导力是我一直喜欢的研究方向,我也认为"无我"是领导者和教练追求的最高境界,所以答应先看看内容再说。当我认真读完书稿以后,一方面觉得其内容翔实深刻、很有价值,另一方面也感觉到该书立意颇高,这篇序还是相当不好写的。不过转念一想,把这个写序的过程当作一次向高手学习的机会,由此重新梳理一下自己几十年来创业带团队和推广教练的经历和感受,还是相当有意义的。因此就答应试一试,只是希望多给点时间深入思考,王老师欣然同意了。哈哈，也许是"无我领导力"的吸引力法则，让缘分就这样在不经意间降临了！

《道德经》中有云：（圣人）以其无私，故能成其私。意思就是圣人无我，不自私，反而能够成就其千秋伟业。在中华五千多年的历史长河中，"圣人"一直是引领社会的终极领导者的形象。历朝历代，无论是王侯将相还是仁人志士，无不把"超凡入圣"作为自己毕生追求的信仰，而"无我无私"无疑就是这种修炼的内涵了。达到这种境界的领导者，也就能实现"格物致知、诚意正心、修齐治平"的理想。无论是古代的王阳明、曾国藩等朝廷栋梁，还是现代的伟人毛泽东、周恩来、邓小平等都是典型的代表。

作为一名普通的创业者和教练事业的推广者，我同样也从这种"无我"的修炼中受益匪浅。有人经常会问我：理工男出身的你不待在这些年挣大钱的建筑和房地产行业，却来从事貌似清汤寡水的教练事业，为什么？我的答案是从事教练这种通过对话挖掘客户潜力，从而支持客户实现梦想的行业，让我清除了很多"小我"的迷障，活得更加通透和快乐，所以我也希望把这种积极的能量传递给更多的人。还有很多人问我：在工作后，你又在几所名校中相继完成了企业管理、EMBA、心理学、道医和国学的系统学习，你在追求什么？听到这里，我也只能苦苦一笑。众人哪里知道，这些求学过程只是一个创业的领导者，在危机四伏的经营中不断痛苦挣扎、寻找出路和生机的探索经历。不过值得欣慰的是，自己经过这些年的风吹雨打和起起伏伏，我终于找到了利人达己的教练行业，也成了一名教练型领导者。这样既能支持员工彼此协作，实现各自的职业发展；也能让公司多年来不断创新发展，让自己的团队持续成长，在VUCA时代中站稳脚跟；还能通过加瓦教练中心这个平台让更多的领导者和管理者了解、学习、应用教练，让更多的人快乐地追求梦想。回想起来，我能够深刻地察觉到自己现在这种较为自在的状态，皆来源于本书中提出的对"自我执着"的扬弃，让有限的"小我"不断融入更大的系统当中，从而在"无我"这种终身修炼的过程里，让生命得到了滋润和绽放。

如此说来，人人皆可学习"无我领导力"，并使之成为获得成功和快乐的源泉。

阅读本书时，感觉就是在与王阳明、任正非等人和作者一起促膝谈心，油然而起"心流"状态。掩卷而思，我认为本书有以下几个鲜明的特点：

1. 有高度。我认为"无我领导力"，就是"圣人领导力"，是每一个领导者的终极追求。作者敢于从这个高度进行深入探索，并以古代圣贤、当代栋梁的著名人物作为案例进行研究论证，无疑为那些追求卓越、奋勇向前的勇士们树立了标杆和榜样。

2. 敢创新。一方面是本书在结构上的创新。作者从叙述王阳明的经历和心得入手，总结出无我领导力的概念和修炼路径，再由现代优秀企业实践来佐证这种来自古人，又经作者提炼升华领导力所蕴含的智慧和强大生命力，令人心悦诚服、叹为观止。另一方面是本书内容上的创新。虽然国内外对各种领导力的定义和阐述已经汗牛充栋，"无我"这个词也在个人修炼中颇多提及，但尚未发现把这两个词组合在一起使用并进行系统论述的专著。这无疑是一种颇有创造力的探索。

3. 能落地。"无我"和"领导力"两个词，让人感觉又高又飘。但难能可贵的是作者在给出概念后，能够提出"无我领导力"的"1234"框架和具体修炼方法，还有颇具针对性的问答环节和每章节后的思考题。这就为读者在具体工作情景中的转化和实践提供了指导，让大家看得见、摸得着、做得到。

4. 有价值。本书借古论今，深入浅出。"无我领导力"的提出和论证，把一种颇具中国特色的终极领导力展现在众人面前。这种弘扬中国古今领导者智慧的探索和总结，无疑是落实党中央倡导"四个自信"的一个颇具特色的亮点。无论是理论研究还是实践指导，都具有先进性、开创性的现实意义。

中国的改革开放至今经历了四十多年的风吹雨打，越来越多的国内企业已在世界百强中占有一席之地，国内管理的理论与实践随着这种奇迹般的社会发展，正在从过去全面引进、学习、消化西方模式，逐步转变为融合我国东方智慧的管理科学与艺术。我认为本书就是这种浪潮中的代表作，并衷心期待类似的好作品层出不穷，为我们伟大民族的复兴增砖添瓦！

黄学焦

2023 年 3 月

（黄学焦：加瓦教练中心创始人、国际教练联合会（ICF）北京分会前会长、20 本教练译著的组织者、翻译者、著有《卖故事》《唤醒：提升员工和团队动力与绩效的教练指南》。）

代 序

阳明先生尝言:"圣人之学,以无我为本。"本书作者以"无我"贯穿阳明心学的理论与实践,可谓匠心独运。"无我"中的"我"是"小我","小我"具体来说就是各种自私心、各种对名利的计较,只有拿掉"小我","真我"才能绽放。观之历史可以看出,那些圣贤豪杰大都具备"无我"的智慧,他们把自我的弹簧压到最低,从而弹跳出最高的人生高度。

一般认为,阳明心学有三大重要理论,即"心即理""知行合一""致良知"。这三大理论都与"无我"高度相关。

先看"心即理"。"心即理"是阳明心学的根本思想,是阳明先生在龙场悟出来的。当时,在龙场极其艰难的环境下,阳明先生渐渐感到得失荣辱都能放下,只有生死一念萦绕心头。于是他做了一个传奇的举动,为自己打造了一口石头棺材,每天在里面默坐澄心。终于一天晚上,阳明先生豁然大悟:"圣人之道,吾性自足,向之求理于事物者误也。"这句话用三个字来概括就是"心即理"。由此可见,拿掉计较得失荣辱、担忧生死的"小我",才有龙场悟道,才有"心即理"的思想。

再看"知行合一"。阳明先生早年的高徒徐爱曾经发问:"现实中有不少人明明知道应该孝顺父母、尊敬兄长,但是在实践中做不到,这不就说明知与行是两个东西吗,您还怎么能说知行合一呢?"阳明先生回答:"此已被私欲隔断,不是知行的本体了。"这个回答无比透彻,点出了知行不一的根是私欲的纠缠。因为私欲,让我们患得患失,瞻前顾后,行动力自然严重欠缺。只有打破私欲小我的束缚,开掘内在动力的源泉,才能实现真正的"知行合一",正所谓"丈夫落落掀天地,岂顾束缚如穷囚"。

最后看"致良知"。在阳明先生看来,良知人人皆有,无论是王侯将相,还是贩夫走卒,在拥有良知这方面都是完全平等的。人人皆有成为圣人的可能性,任何人都不能被小看,内在的良知潜能一旦激发出来,会释放出惊人的智慧和力量。不过在不同的人那里,良知呈现的程度不同。阳明先生曾经打过一个比方:圣人的良知好像是青天白日,完全朗现出来;贤人的良知好像浮云天日,有了一些遮蔽;普通人的良知好像阴霾天日,遮蔽得更多了。这遮蔽良知的浮云就是私欲小我,扫除私欲小我,良知才能呈现,致良知的过程,也就是打破小我的过程。

党的二十大报告指出:"坚持和发展马克思主义,必须同中华优秀传统文化相结合。只有植根本国、本民族历史文化沃土,马克思主义真理之树才能根深叶茂。"中国共产党的杰出领导人，也都秉承了传统文化中的"无我"智慧。毛泽东同志说，要全心全意为人民服务。邓小平同志指出，人民拥护不拥护、人民赞成不赞成、人民高兴不高兴、人民答应不答应，是全党想事情、做工作对不对好不好的基本尺度。习近平同志提出"我将无我，不负人民"。这些经典格言都闪耀着"无我"的精神，从这里我们也可以看出，"无我"绝对不是消极，而是要放弃一切个人的私心杂念，以无限的积极性和热情投入正义的事业，在无我中成就大我，心系苍生，而神游物外。

我与作者王坪在沪上相识多年，他精研管理之道，笃好阳明心学，在二者的结合上有相当深的功夫。本书平实有据，多有独到心得，对阳明心学和管理学感兴趣的读者读完本书，定会大有收益。我对领导力理论了解不多，只就余之所知略叙如上，此为序。

易飞

于蓉城素履斋

（易飞：复旦大学哲学博士，四川省委党校哲学教研部教师。）

前　言

关于本书

这本书是要谈什么？

这本书是有关阳明心学、无我领导力和相关优秀企业实践的介绍。

何谓"无我"？我们这里提到的所谓"无我"，是指去除了"自我的执着"的一种境界和状态。从这个角度讲，这也是一本有关个人"自我成长"的书籍，可以和所有人相关。

爱因斯坦曾说："我没有用理性思考完成任何发现。"与此类似，我们其实也没有办法用理性思考来真正"搞明白"阳明心学。从自我实修追求内在成长的目的，甚至可以说，写一本讲逻辑、谈概念的阳明心学书籍也显得有点多余。而且如果真需要一本作为"身心之学"，用来帮助实际自我淬炼的书，也许记录阳明和弟子们讲学交流等内容的《传习录》一书已足够。

不过历经数载，磕磕绊绊，笔者还是完成了这本书稿。其出发点，是从自认为于心学获益良多，学习实践过程中也曾经有过诸多困惑，从粉丝的角度，分享自己切身的心得体会和方法，也许这对众多心学爱好者来说，可以看作是为探寻传统文化宝藏而提供的一些白话路标，虽略显浅陋，却也不失有几分价值和意义。

市面上领导力相关的书籍可谓汗牛充栋，这里面有理论派，有实战派，其中有诸多经典著作。

比如实战派的领导力学者吉姆·柯林斯（Jim Collins）的《从优秀到卓越》，就是这样研究领导力的：按一定要求，从财富500强100多家公司里挑出若干家实现了"从平庸到卓越"的公司，然后深入地研究这些公司，最终发现了其中的领导者都有的共同点，他把这样的领导者称之为"第五级领导者"。在这种所谓的"第五级领导者"的身上，"混合了极端谦逊的性格和强烈的专业意志这两种素质"；他们还有若干项相关的特征，等等。这一类的书籍占了多数。

但是，也正如吉姆·柯林斯提到的那样，他虽然研究总结发现了"第五级领导者"现象，不过还有一个"黑匣子"无法打开，那就是这些人是如何成为第五级领导者的，他们的内在经历过什么样的发展历程。这也是笔者注意到的：市面上的著作从内在心力成长提升的角度结合领导力淬炼的内容分析探讨，似乎还不是很多。

华为是具有全球卓越表现的优秀企业。华为的创始人任正非可以说是极为低调，同时又可以说是极为张扬。低调的是他日常的行为和行踪；张扬的是他的言论和思想，他的内部讲话和文章早已广泛流传，每每被奉为管理哲学的经典之作。华为公司内的各种管理创新，也已成为业界争相效仿学习的标杆。而华为领导力的实践是华为诸多成功的基础之一。我们在本书中也涉及一些包括华为在内的优秀企业领导力实践价值的学习分享，相信这些内容对我们提升管理的领导力水平，有无可替代的价值和意义。

  本书的作者之一王坪是多年的心学爱好者和实践者。大学时期在国内全球领先的管理学院求学，后在华为工作数年，并加盟"华为的老师"IBM公司，还曾执掌管理国内公司。王坪在投身战略管理咨询的领域后，接触了众多优秀成功的企业家。对领导力兼顾理论和实践的理解感悟，并对心学之于领导者领导力淬炼的价值有真切的感受。另外一位作者李晓科有二十余年华为工作经历，还是华为大学的课程编写者和讲师。两位作者深谙心学和领导力淬炼以及华为等优秀企业实践的精妙之处，在自己有体验并获益的前提下，希望推动更多的传播和实践，始有该书的发起和出炉。其中，晓科老师主导完成书中"企业无我领导力实践"部分的撰写，王坪老师主导完成书中其他部分的内容撰写。

  创作的过程，也是自己再一次学习淬炼的过程。有煎熬、辛苦，但更多的是收获和启悟。乐大于苦，得多于失。

遑论书籍最后的结果如何，这个经过已是充满欣喜的历程。不敢说能够给读者带来多大的价值，但是相信一定会给同样上下而求索的心学和领导力的爱好者们一些启发。如此，足矣！

本书架构

本书从任正非领悟"自我的渺小"和当年阳明"龙场悟道"顿悟"吾性自足"说起，其后的整体架构主要分为上中下三部。上部系统地介绍阳明心学，中部谈无我领导力，下部谈企业领导力实践。

上部：阳明心学

首先，我们会提纲挈领地了解阳明的生平情况，介绍他追求成圣成贤最后又返璞归真的简单脉络。我们试图表达的核心是：心学并不只是圣贤的心学，心学是每一个普通人的心学。

接着我们会借助"解悟—证悟—彻悟"的三部曲框架来系统地介绍心学以及心学的淬炼之道。"三部曲"可以帮助我们从入门到臻于明白。如果你是一个对阳明心学还懵懵懂懂，不知从哪里开始寻得心学智慧的爱好者，那么这个"三部曲"应该是比较合适的学悟步骤。当然，如果你已经对阳明心学了解颇多，已经颇有觉悟心得，那么也许这"三部曲"对你来说已经显得烦琐，后续章节中我们提到的"觉察",也许已经足以帮你在日日时时事事上磨炼了。

当然这个"三部曲"框架和后面提到的"觉察"两字法,以及书中提到的各种方法和模型一样,其实只是在我们学习的过程中,帮助我们领悟践行的工具而已。从严格的意义上来讲,当你彻底领悟、融会贯通后,这些工具你随时可以扔掉。只是在现阶段,工具对你还有一定的价值。

中部:无我领导力淬炼

在对心学有了一些基本的认知和体会后,我们试图从现代人的思维角度去阐述"无我",以及"无我领导力"。还没有彻底想明白的读者在这里可能会有一个疑问:有领导力的人从某种程度上无疑是需要有"强大的自我",那么这和"无我"岂不是矛盾?实际上诸如此类表面上看起来的矛盾似乎在我们的生活中无处不在,这很正常,因为这个世界就是矛盾而又统一的。我们在本章会就这一点有更多的探讨。

我们把领导者"去除自我执着"之后所具有的领导力称为"无我领导力"。领导力本质上是能"带人成事"的能力。这里面的核心要素是要能成事。能成事意味着能洞察"事"的客观现实,然后根据现实需要,该怎么办就怎么办。这里的核心是不执着,"因时制宜",还要能"带人"。当你有"无我领导力",不执着于自我时,你似乎神奇般地会构建起你所特有的对他人的影响力。我们用 1 个定义、2 大特征、3种关系、4有模型的"1234"框架来总结无我领导力。你可以用来参照比较，看看自己还有哪些可以持续提升的地方。

下部：企业实践

我们再来介绍相关优秀企业领导力的实践。以华为为例，任正非说过：我是在生活所迫、人生路窄的时候创立华为的，那时我已经领悟到"个人才是历史长河中最渺小的"这个人生真谛的。任总的惊人一悟，开启了华为极速成长的历程。华为谈自我批判，谈以客户为中心，谈灰度哲学等，造就了许多华为无我领导力的神来之笔。

在本书之中，还有以下比较有趣的内容值得参考。

问与答：笔者多年以来和众多学友学习心学智慧时参与过或者看到过许多交流探讨，其中很多内容有一定的代表性和普遍性，我把它们总结记录下来，希望对更多的学友有所启发。这种形式，也是传统圣贤的传学之道。阳明《传习录》主要部分就是问与答的记录，《论语》也是孔子和学生的问与答。随着后续研学活动的持续开展，这部分内容还将持续补充。

他山之石：阳明心学本质上是自我内在成长之学。自我内在的成长，是不分东方或者西方、传统或者现代的，是大家都在孜孜以求的东西。马斯洛的自我实现者的表述，

"第五级领导力"理论，以及彼得·圣吉和奥托·夏莫的U型模型，还包括教练式领导力等，都是与此相关展开的研究和实践。我们可以在这里一探究竟。

行动篇：若干年来，我们基于诸多企业管理领导者的需要，在领导力提升、致良知心学学习、华为最佳实践经验学习等不同领域，或进行相应的整合设计，或单独设计安排，进行了若干学习项目的落地。我们也积累了很多成功的经验，同时也碰到过一些需要后续持续改进提升的场景。我们在行动篇中对这些项目进行了简单的介绍，这对有类似针对性需求的企业管理领导者会有实际的意义。

基于以上介绍，我们可以看出，本书的创新点之一是提出并且系统阐述了"无我"领导力；本书创新点之二是基于"解悟—证悟—彻悟"三部曲，从知行合一的角度介绍了阳明心学如何能够做到"无我领导力"的淬炼；本书创新点之三是较为系统地阐述了华为等优秀企业契合"无我领导力"精髓的相关应用场景。

阅读本书的过程，我们建议读者带着下面的问题去进行。本书到底具有多大的价值，根本还是取决于各位亲爱的读者。我们一切的努力，都是你"进入内在自我，提升自我"的指引参考而已。

问题一：我有兴趣阅读这本书，我想要的是什么？

问题二：为什么"这个"对我这么重要？

我们在每一章的结尾都设置了"掩卷时刻"。这个时候，你可以闭上眼睛或者把视线离开你正在阅读的书本，想一想你读到了什么？然后再体验觉察一下你在那个当下的感受。记住：是"体验和感受"，而不再仅仅是"思考"。我们想要再次强调说明的是，阳明心学是实修之学，在弄懂应该怎么学之后，关键是要体会践行。看完本书，你可能只是脑子里明白了，这时候千万不要忘了"知行合一"。自己在实践中体会到了，才是真的明白了。这是最为重要的一点。

目 录

导 论 　　　　　　　　　　　　　　　　　　001

上部

阳明心学

第一章　解悟心学　　　　　　　　　　　009
　　第一节　凡人王阳明　　　　　　　　010
　　第二节　心学精髓　　　　　　　　　020
　　第三节　问与答　　　　　　　　　　034

第二章　证悟　　　　　　　　　　　　049
　　第一节　向内求　　　　　　　　　　050
　　第二节　体悟大我　　　　　　　　　058
　　第三节　悟后修　　　　　　　　　　062

中 部

无我领导力淬炼

第三章　领导力 069
　　第一节　带人成事的行动 069
　　第二节　有我和无我 072

第四章　无我领导力 083
　　第一节　一个定义 083
　　第二节　两大特征 091
　　第三节　处理好三种关系 104
　　第四节　"四有"价值模型 133

第五章　淬炼之法 169
　　第一节　觉察 169
　　第二节　事上磨 182
　　第三节　构建新认知体系 188

第六章　他山之石 192
　　第一节　第五级领导者 192
　　第二节　马斯洛的自我实现者 195
　　第三节　U型理论推动有效决策 197
　　第四节　教练式领导力 206
　　第五节　禅修探讨和故事隐喻 210

下部

企业实践

第七章　企业领导力　216
　　第一节　体验华为　216
　　第二节　"有无"合一　224

第八章　企业无我领导力实践　239
　　第一节　"自以为非"和"自我批判"　241
　　第二节　见路不走和灰度哲学　252
　　第三节　制度"无我"　258
　　第四节　胖东来：用"极致利他"消解权力中心　261
　　第五节　京瓷无我领导力的实践　266

行动篇　270
后　记　285
参考书目　289

导 论

> 学问之道无他,求其放心而已矣。
>
> ——《孟子·告子上》

任正非在华为远还没有如今这样声名鼎盛时,曾经说过这样一句话:"我是在生活所迫、人生路窄的时候创立华为的。那时我已经领悟到'个人才是历史长河中最渺小的'这个人生真谛。"

王阳明人生中最为关键的一个转折是"龙场悟道"。他的弟子在阳明大传中记录到:阳明忽然在半夜恍然大悟,不觉欢呼一跃而起。那一瞬间,他顿悟了完全去除自我执着的"圣人之道"就在人的内心,不需要再去向外寻求。【忽中夜大悟格物致知之旨,寤寐中若有人语之者,不觉呼跃,从者皆惊。始知圣人之道,吾性自足。(《王阳明全集·卷三十二·年谱一》)】

从这两段话里,我们发现了相同的核心字——"悟"。

任正非那时是在"生活所迫,人生路窄"的低谷,而王阳明彼时因为得罪朝中权臣而被发配到当时的蛮夷之地贵州；一个是领悟到"个人的渺小"，一个是悟到了"吾性自足"。看似完全不同，但实则是一回事。

作为一家之言，怀着准备虚心接受批驳的心态，我们试着从一个维度来解读：我们的"自我"通常会看重得失荣辱，自己情绪也会随着得失荣辱而波动；我们权且把这个自我称之为"小我"。

"小我"无法在自我的内在找到"自给自足"的价值存在感，所以"小我"通常会把外面的"得失荣辱"等同于"小我"的价值，需要外在的东西来证明自己。

"小我"也无法接受自己在大千世界中实质上是渺小的这个事实，这个事实似乎会意味着"自我存在感"的丧失。这种心态其实极大地限制了我们的能量和发展。

同时，我们每个人的内在其实还有另外一个更加智慧的"自我"。

这个"智慧自我"知道我们的人生状态其实根本是取决于我们内在的心态；我们的人生自然需要努力，但是成功与否其实并不在于实际的外在结果，我们可以自得其乐。当然，自得其乐不是阿Q精神，阿Q精神是对现实的逃避和歪曲，让自己在虚假的想象中获得心理的平衡；自得其乐不需要逃避，而是直面客观现实，在直面现实的基础上接纳现实，再采取应该采取的必要动作。

这种"智慧自我"的状态,可以权且形容为"大我"。

"大我"的"自给自足"指的是心理状态,并不是说我们不需要去追求现实中外在的结果;只是追求归追求,但是我们不再纠结而已。"成固可喜,败亦欣然"说的就是这个意思。

任正非领悟到"自我"的渺小,王阳明悟到"吾性自足"。任正非领悟到的是"小我"的渺小,王阳明悟到的是"大我"的"吾性自足"。

本质上他们都"领悟"到了"智慧自我"(大我)的境界。这种"领悟"让自我超越了"小我"的种种局限,从而可以释放出更大的能量。

从某种程度上我们可以说:华为的成功是任正非的成功;任正非的成功是领导力的成功;而领导力的底层力量是领悟了"自我的渺小"的力量。

心学的核心是致良知,致良知就是要体悟到"真我"(大我),并通过"事上磨",去除了贪嗔痴等种种私欲的"小我"的"自我执着"。

没有了自我执着,我们可以减少一些烦恼,更多一些自在。

也可以避免许多条件式情绪反应,并且可能跳出头脑中的自我禁锢,从而对世界可以有更加实事求是的认知、洞察。

或者用另外一个方式来表达：心学淬炼的实质，不外乎就是"彻底领悟自我的渺小"。自我小了，世界就大了。

从这个意义上讲，任正非的领悟，本质上就是心学淬炼所要达到的结果。

当然，不懂心学也可以在生活的各种艰难险阻和挫折中淬炼，只是有了心学的指点，可以让资质抑或不是那么睿智天成的我们也更可能早一点领会到那豁然开朗的智慧境界吧。

为什么这么说？如何做到领悟自我的渺小？我们且往后看。

上部

阳明心学

2015年秋，一个阳光明媚的日子。贵阳市修文县，曾经的蛮夷之地，今天从贵阳市区驱车半小时可达的一个县城，高大的王阳明像静静地矗立在暖暖的阳光下。其后是一个被郁郁葱葱林木覆盖的小山坡，一个低矮的山洞隐身其中，上下左右刻满了古今骚人墨客的词句。五百多年前一个万籁俱寂的午夜，洞中忽然传来欢呼声，王阳明在这个荆棘丛生、毒瘴弥漫的流放之所的山洞中，忽然顿悟"圣人之道，吾性自足，不假外求"。在中国传统文化史上可以称得上是浓墨重彩的"龙场悟道"横空出世。

那是我书中结缘阳明许久之后第一次走入阳明所到之处的场景，虽然对"无我"，自己要在之后不久的另外一个场景中才有"恍然一悟"，但是沉浸于"龙场"之境，还是对阳明有了不一样的体会。"纸上得来终觉浅，绝知此事要躬行"，这个"躬行"，一方面是纸上道理的行动实践，另一方面也是脑中概念的体悟感受。而学习领悟阳明心学，也需要这样一个过程。我们的学习之旅，可以从下面的这个拂尘故事开始。

拂尘故事

有一次，阳明的一个弟子觉得自己总是在学习中找不到感觉，虽然听了很多，但还是有点茫然不知所以，便当面再请教阳明。

阳明说：学习的方法，我早已一句话讲透了，就是"致良知"。弟子说：老师所谓"致良知"，能不能再讲清楚一点呢？阳明说：既然知道要自己"致"良知，就实实在在地自己去实践用功体会感受就是了，自己不肯用功，只是语言上说来说去，越说越糊涂。

这个弟子实在太好学，不肯放弃，又问：可是怎么个"致"法，能不能请先生再讲清楚一点呢？

阳明说：这个要靠你自己领悟，我也帮不了你啊。之前有个禅师，每当有别人来问如何求佛法，禅师都不回答，只是把手中的拂尘提起来（提示这个不是用语言概念逻辑来学习的，要自己立于当下去感悟）。有一天他的徒弟故意把拂尘藏起来，想看他怎么办。当再有人问问题时，禅师找不到拂尘，就空手作提拂尘状。我说的良知就是提示去修悟的拂尘，除了它，我还有什么可以提的呢？

过了一会，又有一个弟子问：那到底该怎么致良知呢？阳明左右看看，问：我的拂尘在哪里呢？顿时在座的人都哄堂大笑。

如果你没有心学的基础，此时当你看到这个故事，可能会似懂非懂，内心茫然不知后面该做些什么。

其实不能说弟子们问阳明问题一定没道理。阳明之所以用拂尘来比喻，是因为之前阳明已经讲了很多，弟子们应该对良知有了思维上的了解，所以这时候需要大家"自己"去体会、领悟良知，而不是再问"别人"答案。如果是初来乍到的学生,这样提问,相信他得到的会是不一样的回答。

再打个比方。如果你一直问我"上海迪士尼有多好玩",我也说了"很好玩"。不过到底有多好玩,你要自己去玩一次才能真正了解。你还要再问我:那到底有多好玩啊?那么我也懒得理你,而去找我的拂尘了。当然,除了告诉你要自己去玩、去体会之外,还需要多告诉你一些东西解决你其他的困难,因为你还没去过上海迪士尼,也无法上网、没有手机,也问不到人,你根本就不知道迪士尼在上海的哪里,也不知道路线,当然更不可能进园去感受、体会了。这个时候,我如果写一篇旅游攻略,告诉你可以坐地铁几号线过去,帮助你很容易地找到迪士尼的大门,同时介绍一下里面哪些项目不错,想必对你是很有价值的。我们下面要介绍的内容,大致就起到这个作用。

第一章
解悟心学

解悟—证悟—彻悟

阳明的大弟子王龙溪说过"致良知"入悟（学习阳明心学，达到开悟的境界）有三种方法：

一个是解悟，通过看书学习而领悟。但是这是在思维语言逻辑的层面。

一个是证悟，通过静心体会，能够感受、领悟良知的境界。不过静中得来的，还需要在事上检验、磨炼。

再一个是历经事上磨炼，最终做到不管外界如何纷乱，"我心不动"，是为彻悟。

【一、从知解而得者，谓之解悟，未离言诠。二、从静中而得者，谓之证悟，犹有待于境。三、从人事练习而得者，忘言忘境，触处逢源，愈凝寂，始为彻悟。(《心体与性体·序》)】

解悟、证悟、彻悟其实可以看成致良知淬炼过程中有前后次序的三个步骤。

解悟：我们需要先通过看书学习去了解王阳明，从概念上大概搞清楚心学是怎么回事。

证悟：然后通过安静时内心体会感受，真正"体会明白"良知。这种"明白"不是头脑中的概念和逻辑，而是内在一种"不可言传只可意会"的恍然大悟。

彻悟：在证悟之后，通过在日常生活事务中的事上磨炼，而日趋达到彻悟境界；彻悟是几乎时时刻刻活在"开悟"（"大我"在线）的境界中。

在这个过程中，证悟是关键，没有证悟，前面的解悟只是表面热闹；没有证悟，后面的事上磨炼也无从谈起。

当然同时，前面的解悟同样是至关重要。我们几乎可以说解悟是"致良知"的前提。

让我们从可以基本搞明白心学是怎么回事的"解悟"开始知行合一的学习之旅。

第一节　凡人王阳明

集大成者

王阳明名守仁，字伯安，青年时因在住地不远的阳明洞天结庐而自号阳明子，被人尊称为阳明先生。阳明生于明朝宪宗成化八年（1472年），是明代最有影响力的哲学家，也是中国传统文化中"心学"的核心代表人物。

心学并非起源于阳明，儒家学说内在的本质可谓是"心性之学"。儒家是入世的学问，心学淬炼有其明确的导向和目的，即通过淬炼实现个人成长。"修身"之后是要去"齐家治国平天下"的。没有外在条件当然可以"自得其乐"，而一旦机会来临就要去"兼济天下"。清华大学哲学教授陈来老师提到："从人生态度与精神境界来说，中国文化与哲学不过是两种基本形态。一种是以儒家为代表的强调社会关怀与道德义务的境界，一种是佛老代表的注重内心宁静平和与超越自我的境界。在这个意义上，用传统的语言来分疏，儒家主于'有'的境界，佛老主于'无'的境界，或者说前者是有我之境，后者是无我之境。当然，这里说的有我的'我'并非'泪眼问花'的私我，而是'与物同体'的大我。"

陈来先生提到阳明时还明确说："圣人之学心学也。"2000多年前的《尚书》中有"人心惟危，道心惟微，惟精惟一，允执厥中"的十六字诀，阳明也认为"此心学之源也"。陈来写道："为了论证心学把一切修养实践归于求心，阳明提出，《尚书》的十六字诀是心学的理论根据和来源。这样他就把孔孟的仁学整体作了一个心学的解释。"（《有无之境》）

儒家心学一脉从2400多年前的《论语》，到孔子的弟子曾子所著《大学》，其中有曰："心不在焉，视而不见，听而不闻，食而不知其味。此谓修身在正其心。"后来，孔子的孙子子思著《中庸》，再后传孟子著有《孟子》。《孟子》中一句"学问之道无他，求其放心而已"更可谓道尽儒学精髓。

再之后中华文化1000多年的时间中似乎儒家式微，期间佛家传入，道家兴起。直到宋代理学大家周敦颐，算是把儒家心性之学重新树立起来。再从周敦颐到北宋理学大师、所谓的"二程"（程颢、程颐两兄弟）。老大程颢认为"人心自有明觉"，其后一支开出陆象山、王阳明心学一派。

站在中华文化这个大的背景来看，阳明是集大成者，这个"集大成"，一个是集各代儒学大家心性之学的大成，而最终以"良知心学"攀至中华儒家思想之史的高峰；另一个是集儒释道三派精髓之大成，以儒家入世之"有"为体，以佛家和道家智慧之"无"为用，成就心学身心之学之大成。

阳明虽不是"心学"的原创者，但阳明由于其人生的百死千难的磨砺，彻悟心学，提出"致良知""知行合一"之论，把心学带到了一个新高度。所以我们在谈心学的时候，往往会说是"阳明心学"。阳明的独特贡献还在于，他更为透彻、简易地说清楚了心性之学，同时更落地。

透彻、简易在于：阳明以"致良知"和"知行合一"作为抓手，简明扼要地把儒家的"心性之学"凸显出来，以此拎起庞大丰富的儒家哲学思想体系，一贯到底，一通百通。他说："盖四书五经，不过就三个字，思无邪。"复旦大学哲学教授吴震老师在其《朱子学与阳明学》一书中还提到:"阳明断言儒家成圣之学就是'以无我为本'之学。这里的'我',乃特指那种我执的感性认识,对其进行必要的破执以回归本心的理性原则——没有'纤介染著'的天然之理的纯理性原则,这就是圣人之学的追求目标,也是理想的境界。"

更落地在于:阳明提出的知行合一,一反当时多数学子士人仅把儒家思想看成口舌之学,只是为了写八股谋功名,完全抛掉了儒家学问追求真正自我成长的真意,强调儒学也是身心之学,是需要知行合一的践行的学问、智慧。使得儒学能够和每个当下结合而具有相当的现实性。

明白了"致良知",顺着阳明的指引,再回去看《论语》等诸多儒家经典,对孔子、曾子、子思、孟子等圣贤的精彩言论,每每会恍然而悟。一如周敦颐的"孔颜之乐,乐在何处"之问,从心学契入后,孔颜之乐就不言而喻了。

阳明还值得被浓墨重彩称道的一点是,由于其彻悟心学后的功力。阳明立下了包括平定南昌皇亲国戚宁王的叛乱和剿灭南赣盘踞数十年的顽匪等赫赫有名的战功,成为历史上既"立德立言"又"立功"的大儒,由此成为中华传统"震霆启寐,烈耀破迷,自孔孟以来,未有若此深切著名者也"(清黄宗羲言)的一代圣贤。

圣贤之路　人生历程

阳明12岁的时候，问私塾先生：天下何事为第一等人？老师答：金榜题名，光宗耀祖如尊公（像你爹那样），乃第一等人也。阳明道：金榜题名时时有，岂是人间第一流？老师问：那你说呢？阳明答：当为圣贤！

王阳明出身于书香门第，父亲是状元，所以年少气盛就志为圣贤。但阳明的人生并不是如他期望中的那样。

当时的科举制是八股文时代，题目是从四书五经中挑出一句、一节或一段，考生围绕这一主题，写一篇八股文形式的文章。阳明21岁参加浙江乡试（全省统一考试）得中举人。22岁参加会试（全国统一考试），结果失败。25岁时参加第二次会试，仍然落榜。一直到28岁第三次参加会试，才金榜题名。在参加皇帝亲自主持的殿试后，得中二甲进士第七名，如愿以偿成为"国家公职人员"。之后的7年，王阳明在官场上和许多官员一样，正常地努力工作，追求上进，一直到了35岁。

35岁那年发生了一件事，让阳明的人生忽然走向转折。当时一个官员上书弹劾当权太监刘瑾，被打入大狱。王阳明看不过去，也上书皇帝，为同僚鸣冤，因此得罪了刘瑾。刘瑾把王阳明打入大狱，最后杖责四十，再贬到当时的蛮夷之地贵州龙场（1508年）。虽是灾难，这却也成为阳明彻底大悟的机缘。时年，阳明37岁。

阳明 39 岁离开龙场时已经明白"圣贤之道，吾性自足"。他继续经历朝中各种职位历练，并同时持续他在之前已经开始的讲学生涯，此后的讲学一直贯穿阳明的整个人生，即使在其后的平叛剿匪戡乱期间也未停止。阳明 45 岁时（1516 年）被授兵权派往南赣任职巡抚负责戡乱，开始了他多年磨砺之后大放异彩建立军功的戎马倥偬的岁月。他仅花了 1 年多时间就彻底平复了猖獗 10 多年的土匪之乱；48 岁时平叛宁王之乱；56 岁（1527 年）时还被派往广西剿叛贼。

57 岁时，阳明因病在从广西返回家乡的路上，留下"此心光明，亦复何言"后，溘然离世。

满大街圣人论

王阳明 12 岁时和老师谈到何为人生第一等事，认为"当为圣贤"，他一定是把圣贤当作一千多年前孔夫子那样遥远神圣的伟人，所以才出此豪言壮语。多年以后，阳明已经名满天下，弟子成群。一次讲学他问刚从街上回来的一个弟子：你在街上看到了什么？弟子说：我看到了满大街都是圣人。阳明说：这是正常不过的事啊，有什么好奇怪的。

这时候阳明心目中的"圣人"，已经从遥远的天边回到了人间。他头脑中的"圣人"不再是以现实世界的学问、成就、功名来衡量了，他知道了每个凡人内心里都有一样的良知智慧，而如果每个人找到了他自己的那份智慧，他就是"圣人"了。抑或这个人只是一个普通的农夫，在世俗人的眼里如何可以和孔圣人相提并论呢？在阳明看来，此农夫和孔夫子世俗成就的区别，不过是如纯金在重量上的区别而已。从金的纯度（内在智慧的觉悟）而言，两人并没有区别。圣人也是凡人，阳明也是凡人——一个觉悟了的凡人。【所以为圣者，在纯乎天理而不在才力也。故虽凡人，而肯为学，使此心纯乎天理，则亦可为圣人。犹一两之金，此之万镒，分两虽悬绝，而其到足色处可以无愧。故曰人皆可以为尧舜者以此。学者学圣人，不过是去人欲而存天理耳，犹炼金而求其足色。（《传习录：一本书读懂阳明心学·薛侃录》）】

圣人和凡人一样

阳明曾说：《中庸》里说"天下至圣，为能聪明睿知"，过去看这句话觉得多么玄妙高深，现在看来原来是人人都有的。耳原本就聪，目原本就明，心原本就睿智。圣人只是能致良知。普通人不能，只是因为没有致良知。这是多么简单明白啊！【先生曰："'惟天下至圣，为能聪明睿知'，旧看何等玄妙，今看来原是人人自有的。耳原是聪，目原是明，心思原是睿知。圣人只是一能之尔，能处正是良知。众人不能，只是个不致知。何等明白简易！"（《传习录：一本书读懂阳明心学·钱德洪录》）】

接地气的圣人

王阳明应该没有想到他身后会被看成所谓的"圣人",世俗社会认可他卓然的立言、立德、立功的成就,但后世太多的人似乎并没有真正领会到他的"地气"。阳明心学和我国其他经典的传统文化一样,有太多精妙的、韵味无穷的东西,这可能本身是由智慧的博大精深决定的。但这种韵味无穷的另一面就是相对的模糊和不清晰,这种模糊某种程度上阻碍了大家更好地"明白"。

我们今天再来谈阳明智慧,有立论宏大者,有视野高远人,但与此同时,阳明智慧更是和我们每一个人相关。我不敢奢论每个人能否成圣人的话语,更具体地说,阳明心学是我们的"生命智慧",可以改变我们每个人的人生。相信是明白者都不会否认。我们试图用现在浅白的文字说出阳明的精髓,虽然这未免会贻笑大方,太显我们文字的浅陋,但如果能够让人略知智慧的方向,从而自己能够叩门而入,便也是有了莫大的功德吧。

在进一步更详细地介绍心学精髓之前,我们先来一个简单浅显的入门前的解释。

"致良知"是要到达体悟"良知",即"大我"的境界,这种境界也是一种"生命智慧",这种智慧每个人都有。有"智慧"不是有知识,如果我们需要给出一个诠释的话,这里我们把"有生命智慧"诠释为:有找到"最自在和更好的自己"的一种能力。"最自在"是内在自我感受,"更好的自己"是外界标准衡量。这种能力不是"关起小门成一统"的自娱自乐,而是在当下作为一个积极的社会成员具有的能力,是可以帮助自己不断成长并取得现实生活场景中的各种进步的能力。

从这个意义上说,阳明心学是活泼、接地气,且具有现实意义的智慧。这种"生命智慧"里有力量,有自在,还有格局。所谓"有格局",是说当你有了智慧后,你能够跳出自己"小我"的得失惠誉利益的限制,更能够(愿意)去考虑更大、更远的事情。但是这样做,你并不是通常意义上所说的"高尚",你还是接地气的,是自然的,你是获益的。你其实是为了自己"乐在其中",你"不怨天,不尤人",那也是自然而然并不勉强的结果。

如果你还是有点懵懵懂懂,那么下面这一段描绘看看是不是可以更容易让人理解。

我们平日里都希望有安全感,希望少点烦恼,多点快乐,进一步希望自我有价值、有自信、有力量;通常我们会相信、如果更有财富、更有地位、更有名望,能够更好地满足我们各种需求;或者我们也多多少少懂得,这些需求的实现不完全依赖于外界而应该改变自己的内心;或者外界只是个基础,这些需求的实现最终还是在于自己的内心。但大多数人会感叹一句:"改变内心哪有那么容易。"

如果我说阳明做到了,他有一个办法可以让大家都做到。这个办法其实也不是他的,就在每一个人的内心,我们现在只需要去找到这个办法,就能够到达他所说的境界。这样说,虽然你也许(几乎是肯定)还不相信,但你应该能够理解这个意思了吧。

某一年圣诞节的时候,国内有一群博士闹出一个"慎对圣诞"的倡议,这个貌似要自信的动作,其实恰恰体现了不自信。而且我看博士们要"破",却不知道具体要"立"什么。我不知道他们是不是明白阳明的价值,其实对明白老祖宗智慧的人来说,自信那是自然而然的了,还需要抵制什么呢?于个人,有了自在和自信;于文化,也就有了自信和自豪了。

阳明的接地气还体现在许多方面,比如:他提到学习修行的方法,说知行合一,说事上磨炼,说哪怕家里的童子或公务繁忙的官员都可以紧紧联系自己的日常事情来修行智慧,这是实实在在的,一点也不故弄玄虚。

阳明有一个叫崇一的弟子曾提出的问题简直就是妥妥的现代典型困惑。弟子问:总是忙,有事没事都觉得忙,这是为什么啊?【"寻常意思多忙,有事固忙,无事亦忙,何也?"(《传习录:一本书读懂阳明心学·薛侃录》)】

阳明回答说:你内心里有主宰时,自然可以有不急、不缓、不忙的节奏;你内心没主宰,跟着外面的节奏走,怎么可能不忙呢?【先生曰:"天地气机……然有个主宰,故不先不后,不急不缓,虽千变万化而主宰常定……若无主宰，便只是这气奔放，如何不忙？"(《传习录：一本书读懂阳明心学·薛侃录》)】如果你现在还是似懂非懂，那是完全正常的。你需要自己去"感受"，然后"明白"。我们跟着下面的文字继续学习理解。

第二节　心学精髓

400多年前成册的《传习录》，比较全面地收集了阳明和弟子友人们有关为道治学的讲学交流记录及日常书信，内容几乎涵盖了阳明心学的所有重要观点，是阳明心学最重要的著作。书中还体现了他辩证的授课方法和生动活泼、善于用譬、常带机锋的语言艺术，值得一读再读。我们这里引用的一些阳明的观点和论述，主要来自该书。

心学的精髓：致良知，心即理，知行合一，三者本质上都是一个意思。阳明常常谈到的心、理、天理、良知、仁、道心、本体、中、至善，甚至可以和佛家的"佛性"、老子的"道"理解为是一个东西。从严格的意义上说，用语言无法完全地描述这是一个什么样的状态，所谓"道可道，非常道"。因为这个状态是需要你去"感受"而不是用"思维"理解的。我们接下来从不同的角度来尝试说明和解读。

在开始介绍相关心学精髓之前，我们先来探讨一下对"天理和人欲"的理解。天理和人欲的问题可以说也是心学学习的一个核心问题。这方面不搞清楚，往往就会让自己陷在误区里出不来，更有不理解的人从字眼上看，把这个当作传统文化封建顽固的证明。其实弄清楚了阳明表达的意思，你会发现天理和人欲的表达是很鲜活且接地气的概念。善和恶的概念也是这样。

天理与人欲

自然是天理，纠结是人欲

阳明说：人心自然，不纠结、不执着就是道心，道心纠结、执着了就是人心，并不是真有两个心。程子认为"人心就是私欲，道心就是天理"。【人心之得其正者即道心，道心之失其正者即人心，初非有二心也。程子谓人心即人欲，道心即天理。（《传习录：一本书读懂阳明心学·徐爱录》）】

阳明不是说致良知就不需要讲利益了。正常地处理和应对声、色、货、利的事情，如实觉察观照，不纠结、不执着，那也是天理的体现了。【良知只在声、色、货、利上用功，能致得良知精精明明，毫发无蔽，则声、色、货、利之交，无非天则流行矣。（《传习录：一本书读懂阳明心学·黄以方录》）】

阳明还说：人的喜怒哀乐等七情六欲自然地来了又去

了（而不因此纠结），也是良知的妙用，七情本身没有善恶的分别，而对七情过于执着才叫作私欲，这都是对良知的遮蔽。然而有执着时，良知也会觉察到，觉察就是去除蒙蔽，恢复其本心。这个地方想明白了，就是简单透彻的功夫。【七情顺其自然之流行，皆是良知之用，不可分别善恶；但不可有所着。七情有着，俱谓之欲，俱为良知之蔽。然才有着时，良知亦自会觉，觉即蔽去，复其体矣。此处能勘得破，方是简易透彻功夫。(《传习录：一本书读懂阳明心学·钱德洪录》)】

梁漱溟的解读

梁漱溟先生也解读过天理和人欲，他说：内心对外界的事物随感而应，过而不留，就是天理，也就是公。而特别在事情上人为刻意，过于执着，也就是所谓人欲了。人欲也可叫作不自然的、刻意的"人为"。人欲并不是指声色名利这些正常的人的欲望。对待"声色名利"这些欲望如果自然、不刻意、不纠结，也可以叫作天理了。所以"天理"和"人欲"，是指人对待事情的方法不同，而不是内容不同。这应该是被许多人误解的一件事情，所以重点说明一下：这里所说的天理，并不是外部的客观规律，不是可以写在墙上让大家去遵循的一个标准！【随感即应，过而不留才是天理之自然，亦即是公。特别着在上边是出于人之所为，亦即是有所私。故又谓之人欲，人欲犹云人为。非指声色名利。若声色名利毫不杂以人为则亦天理也。是方法不同非内容之异。(梁漱溟《此心不动随心而动：听大师讲阳明心学·辨其"致良知工夫论"之非》)】

阳明也说：天理是内心遇事自然而然，不执着纠结（动），纠结（动）了就是人欲。遵循天理了，哪怕内心千变万化，也不能叫作动；而如果顺从人欲了，虽然只是一丝枯槁的念头，也不能叫作静了。【理无动者也，动即为欲。循理则虽酬酢万变，而未尝动也；从欲则虽槁心一念，而未尝静也。(《传习录：一本书读懂阳明心学·答陆原静书（二）》)】

接下来再谈谈"动"，"动"指"心"动了，这里的"心动"和我们通常所说的"心动"也不太一样，这里的"心动"是指起了"杂念"。

杂念是什么？

并不是所有的念头都是"杂念"，不是说我们要万念俱息。杂念可以包括虚荣心、嫉妒心、自卑心、傲慢心、侥幸之心、贪婪之心，"这也看不惯，那也不看惯"的厌烦心，等等。有人可能觉得被人夸了而沾沾自喜的虚荣也没什么坏处，为什么这要算杂念，因为实际上这种沾沾自喜和被人贬了后的恼羞成怒本质上就是一回事，你会有多沾沾自喜，就可能会有多恼羞成怒。同时如果正常的想法和情绪过度了，也是杂念。你不小心丢了钱包，自然有点懊恼，但是你一整天纠结在上面自怨自艾而挥之不去，那就是杂念了。凡事适度最好，过分的谦虚也变成了骄傲，过犹不及。

总之，凡是执着计较那些"小我"的得失荣辱等各种"贪嗔痴"念头，都可以算作杂念。

观照消除杂念

对这一点，阳明也有过和学生的交流。有一次，一个学生说：听先生教我们，学是学着存养天理。本心即是天理，体认天理只是要自己内心没有私心杂念。阳明回答：是这样的，只需要观照消除这些私心杂念就好了，还担心有什么不清楚的吗？学生说：正是害怕辨别不出哪些是私欲杂念。阳明说：如果这样，那只是因为"时时觉察致良知"的志向不够坚定，志向坚定了，注意力都在这上面，哪里有辨别不出的道理？是非之心，人皆有之，不用去心外面找。体悟天理也只是在自己内心体悟，不会在你的心外另有天理。【曰："尝闻先生教，学是学存天理。心之本体即是天理，体认天理只要自心地无私意。"曰："如此则只须克去私意便是，又愁甚理欲不明？"曰："正恐这些私意认不真。"曰:"总是志未切。志切,目视、耳听皆在此,安有认不真的道理?'是非之心,人皆有之',不假外求。讲求亦只是体当自心所见,不成去心外别有个见!"(《传习录:一本书读懂阳明心学·薛侃录》)】

有一次阳明在给弟子的信中说:你说"养生要以清心寡欲为要",这"养生"二字就可能是带来私欲和纠结的病根。【"今曰'养生以清心寡欲为要',只'养生'二字,便是自私自利、将迎意必之根。"(《传习录:一本书读懂阳明心学·答陆原静书(二)》)】

阳明还说:特别要"求静"的心就是心动了,厌恶动心的这颗心也不是"静",所以说心动了是动,想静的心也是动。【"故求静之心即动也,恶动之心非静也,是之谓动亦动,静亦动。"(《王阳明全集·卷五·文录二·书二》)】

致良知

如果只能用一个词来概括阳明心学,那就是"致良知"。阳明说:我们内心的良知的境界就是天理的境界。我们可以在日常对待事事物物的过程中"致良知",则也可以近乎说在事事物物中都有天理在。《大学》里所谓"致知",就是"致良知";所谓"格物",就是在事事物物中去磨炼自己以"致良知"。【吾心之良知即所谓天理也,致吾心良知之天理于事事物物,则事事物物皆得其理矣。致吾心之

良知者,致知也。事事物物皆得其理者,格物也。(《传习录·中卷·答顾东桥书》)】

良知如明镜

阳明还这样来描述良知,他说:良知的本体,皎洁如明镜,没有一丝一毫灰尘,美也好,丑也罢,都只是在镜中如实展现,而明镜却不会受任何的影响。佛家所说的"无所住而生其心"没有错。明镜照物,美是美,丑是丑,一照就知道真实的样子,这就是"生其心"。美就是美,丑就是丑,照过后镜中什么也不会留下,这就是"无所住"。【其良知之体,皦如明镜,略无纤翳,妍媸之来,随物见形,而明镜曾无留染,所谓……"无所住而生其心",佛氏曾有是言,未为非也。明镜之应物,妍者妍,媸者媸,一照而皆真,即是"生其心"处。妍者妍,媸者媸,一过而不留,即是"无所住"处。(《传习录·中卷·答陆原静书》)】

良知是一种境界

严格地说,良知需要每个人自己去体悟,难以用语言概念讲清楚。但是这里我们斗胆描述一下:良知是一种你可以体验到的境界。

阳明说"致良知",是说你要能够感受到自己的"良知"

的境界，然后在这样的境界下，以一种"随感而应，无物不照，过而不留"的心态来把握分寸，处理事情。

在这个状态里，你不会受到平日头脑思维里各种杂念的困扰，不再计较执着各种得失。所以于内在，你平静自在；于外在，你做事自然会更有成效。

当然，"致良知"最理想的状况是你能够时时保持这种意识境界，这并不容易做到；但是你只要有一次感受到了这种境界，你就有了时时进入这种境界的可能性。

良知不是绝对的标准

阳明的弟子黄勉之问：孔子说"没有什么是一定要怎样才可以，也没有什么是一定要怎样才不可以，要根据义来判断"，事事都是这个道理吗？

阳明说：当然事事都是这个道理，凡事需要自己的头脑根据当下的情况作判断决定。义就是良知，要知道良知就是头脑中基于当下的一个如实观照的判断力，你就不会执着。比如有人送礼物给你，有今天该收，他日不该收的；也有今天不该收，他日该收的。你如果执着于认为今天该收，便觉得一直都该收；或者认为今天不该收，便一直认为不该收，便是适、莫，便不是良知的境界了。【黄勉之问："'无适也，无莫也，义之与比。'事事要如此否？"先生曰："固是事事要如此，须是识得个头脑乃可。义即是良知，晓得良知是个头脑，方无执着。且如受人馈送，也有今日当受的，他日不当受的。也有今日不当受的，他日当受的。你若执着了今日当受的，便一切受去。执着了今日不当受的，便一切不受去，便是适莫，便不是良知的本体。"（《传习录·下卷·黄省曾录》）】

良知不是形而下的术

学心学是学形而上的"道"，不是学形而下的"术"。

有一次阳明的学生陆澄问："平时为人处事涉及事物的各种知识，也必须预先弄清楚吗？"阳明说：人内在的淬炼是根本，外在的知识是"用"。成就了根本，"用"自然就在其中了……当然对事物的知识也不是将其置之不理，只是要"知其先后，则近道矣"。【问："名物度数，亦须先讲求否？"先生曰："人只要成就自家心体，则用在其中……亦不是将名物度数全然不理，只要'知所先后，则近道矣'。"（《传习录：一本书读懂阳明心学·陆澄录》）】

良知也不是世俗理解的道德观念，致良知不是说要按世俗的道德观念办事。

前面我们已经谈过"天理"和"人欲"的概念区别。这里再说明一下，要去除"私欲"，其实我们不是在谈"道德"问题，我们是在谈"智慧"。如果你能够自己感受体会，自然会理解，当你为日常的"得失荣辱"纠结执着的时候，是处于一种不舒服的状态；而"去除私欲"，可以让你恢复到平和自在的感受状态中，这种状态才是更容易做成事的状态。

良知还不是口耳之学。

阳明说：现在人们一开口说话，虽然嘴里讲着天理，但在刹那间心中已经不知道有多少私欲产生！那些潜藏暗长而不为人知的私欲，即使用功体察尚不容易发现，更何况仅仅在口头上说说，怎么能够全部认识呢？现在只管讲天理而任其放在那里不去遵循，谈到私欲而任其留存不知道去除，这难道是我格物致知的学说吗？如果继续这样，后世的学问，顶多也是做点肤浅的表面功夫了。【如今一说话之间，虽口讲天理，不知心中俄顷之间已有多少私欲！盖有窃发而不知者，虽用力察之尚不易见，况徒口讲而可得尽知乎？今只管讲天理来顿放著不循，讲人欲来顿放著不去，岂格物致知之学？后世之学，其极至只做得个'义袭而取'的功夫。(《传习录：一本书读懂阳明心学·陆澄录》)】

"致良知"的心学不是所谓片面的"唯心主义"

阳明心学曾经有过被贴上标签，当作僵化孤立的"唯心主义"进行批评的过往，现在看来，这种批评未免片面。

唯物论认为世界本原是物质，形形色色的现象都是物质的各种表现形态，意识也是物质的产物。

但"意识"是"谁"的"意识"？当然是"人"的"意识"。物质如何形成意识？自然是通过人内在的思维模式形成特定的"意识"。

从"人"的角度出发，探讨如何让人的意识和内心保持更智慧的状态，从而让人更积极、更幸福，绝对不会是唯物辩证法要否定和批判的东西。

阳明虽然说过："你未看此花时，此花与汝同归于寂；你既来看此花，则此花颜色一时明白起来，便知此花不在你心外。"但阳明并没有在尝试说一个绝对的真理，他也没有否定花的存在。这朵花在物理上是存在的，但这朵花对你有什么样的意义，当然是由你的内在决定的；相信唯物辩证法也同意，我们如果能从内在形成一种智慧的思维模式，可以使我们有更积极的价值观和人生观。

心学的根本价值也就在于此。

心即理

说"心即理""良知是天理"，并不是简单地理解为"你的良知就是天下的公理"。如果这样，普通人自然会质疑你：你的良知是天理，我的良知也是天理，那我们的天理不一样则到底谁是天理？

说"良知是天理"，不是讲一个"绝对的道理"，而是讲一个"认识的方法论"。阳明说：我之所以要讲"心即理"，原因是为了让大家向自己内心去求为人处世的道理而找到智慧,而不要只去追求外在的东西。【故我说个心即理,要使知心、理是一个,便来心上做工夫,不去袭义于外,便是王道之真。此我立言宗旨。(《传习录:一本书读懂阳明心学·黄以方录》)】

要向内求"理",当然,这不是说你向内求到"理"后就懂得生活场景中的各种道理和知识技能了,并且"良知"不是要取代这些东西。在生活场景中,具体的知识和技能,该需要的还是需要。例如现实社会的道德、法律、伦理还是需要的,只是这些相对于你内心的智慧,不是最核心、关键的了。阳明举例说:孝敬老人的具体做法,一两天就可以讲清楚,不是学问思辨的问题【若只是温清之节,奉养之宜,可一日二日讲之而尽,用得甚学问思辨。(《传习录:一本书读懂阳明心学·徐爱录》)】;阳明又说:具体的技能学习和追求圣贤智慧的修身关系不大。【礼乐名物之类无关于作圣之功矣。(《传习录:一本书读懂阳明心学·徐爱录》)】

心学是求根本智慧的学问,而不是"行为指南"。当然,致良知后,打通任督二脉,学什么就会更加容易。

阳明还说:心就是天理,学习就是要在自己本心上搞明白,探求也是探求本心。孟子说:学问之道无他,求其放心而已。【心即理也,学者学此心也,求者求此心也。孟子云:"学问之道无他,求其放心而已矣。(《传习录:一本

书读懂阳明心学·答顾东桥书》)】

四句教

"无善无恶心之体,有善有恶意之动,知善知恶是良知,为善去恶是格物。"这是关于阳明心学理论很著名的四句总结,俗称"四句教"。这里理解的关键是明白"善恶"到底指什么。

有弟子问阳明:难道你提到的"善恶"和外面的物不相关吗?阳明说:只是和你内心的状态相关,内心遵循天理就是善,有了私欲、动了意气便是恶。【曰:"然则善恶全不在物?"曰:"只在汝心。循理便是善,动气便是恶。"(《传习录:一本书读懂阳明心学·薛侃录》)】

当你基于良知时就已经摆脱了纠结的"小我"杂念的桎梏,所以自然就无善无恶了。这里所谓的"意",是小我纠结的杂念。所以,意动了,良知能在当下觉察到"意",就是知善知恶了。而良知能够觉察"小我"杂念的过程,其实就是为善去恶的"格物"的过程。

知行合一

阳明表达的"知行合一",从个人修行成长的角度看:"知"是指良知,"知行合一"是指应该完全专注在内心,"致良知",然后在良知下体悟各种道理采取各种行动。

没有致良知的时候,没有知行合一的时候,你可能是被头脑中各种自然而然产生的念头驱使控制(某种程度上可以称之为"无意识")。

而现在,你从无意识的状态中醒悟过来了,用你的良知来应对,以一个"事来则应,事过则放"的智慧做事情。

阳明说:大家要知道我之所以说"知行合一"的出发点,今天修习心学,把"知"和"行"当成两件事,有一个念头起来的时候,认为这个念头虽然有纠结执着(不善),但是因为并没有去做,便不去管它。我今天说知行合一,就是要让人知道,一个念头起来就相当于"行"了。起来的念头如果有纠结执着,就去觉察这念头,把道理想透了。彻彻底底想透了,不让这个执念藏在心中。这就是我立言的出发点。【先生曰:"此须识我立言宗旨。今人学问,只因知行分作两件,故有一念发动,虽是不善,然却未曾行,便不去禁止。我今说个知行合一,正要人晓得一念发动处便即是行了。发动处有不善,就将这不善的念克倒了,须要彻根彻底,不使那一念不善潜伏在胸中。此是我立言宗旨。(《传习录·下卷·黄直录》)】

如果我们能够真的理解上面的文字内容,那么应该可以说已经到了"解悟"的程度了。恭喜你,我们可以继续后面趋于"证悟彻悟"的淬炼探究之旅。

第三节　问与答

> 如切如磋，如琢如磨。　　——《论语》

大家在学习过程中切磋琢磨乃至碰撞，都是非常有价值的过程。笔者多年以来参与了许多在不同场合和不同人士的关于心学以及领导力相关的沟通，听到过非常多的或者简单或者深入的问题，笔者在思考和回答的过程中往往也会有很多收获。即使是作为旁观者，这些问题也能带来或大或小的启发。

这种互动的方式，其实也是古今先贤们传道授业解惑时最常用的方式。《论语》就是一本孔子和弟子的问答集，《传习录》也主要是阳明和弟子、朋友的讲学过程中的回答以及一些书信文章。

阳明在《传习录》里还专门谈过关于"不耻多问，不吝多答"的内容。不明白就多问是一种有效的学习方式，而在别人有问题的时候尝试回答，也是一种好的学习方法。俗话说：教学相长，在问中可学，在教中也可学。

我们在这个章节，把这些问题及回答记录下来分享给大家。同时，我们也会再摘录一些先贤们的和弟子、朋友精彩的交流故事和文字，相信这样的形式也可以为读者带来很多启发和帮助。

例子：

阳明的一个弟子问阳明：孔子说颜回不是能够帮助他的人，难道孔圣人还希望得到门下弟子的帮助吗？阳明回答说：孔子说的也是大实话。孔子讲学传播的智慧之道蕴含着无穷尽的智慧，别人的问题责难越多，则道德的精微之处也就越可能被启发而彰显出来。孔子所谈本来已经很周密完备，但问的人自己心里有疑惑，圣人被他一问，会发挥得更加精神。如果像颜回这样什么都明白，没有什么问题了，那么孔子也就不会因为问题得到新的启发。所以说颜回对他没有帮助。【问："孔子曰'回也非助我者也'是圣人果以相助望门弟子否？"先生曰："亦是实话。此道本无穷尽，问难愈多，则精微愈显。圣人之言本自周遍，但有问难的人胸中窒碍，圣人被他一难，发挥得愈加精神。若颜子闻一知十，胸中了然，如何得问难？故圣人亦寂然不动，无所发挥，故曰非助。"（《传习录：一本书读懂阳明心学·黄以方录》）】

对良知的误解

要做到解悟也并不那么容易。笔者接触过一些已经学习心学一段时间的爱好者，也并没有真正搞懂。

比如一种常见的对良知的误解是：把良知当作是高悬

于世间的灵丹妙药，一旦看到什么困惑，都会向别人发出"良知"之问，渴望得到一个良知的标准答案。我们不能说这些发问者的出发点不对，而且勇于提出问题本身也是一件值得肯定的事情，不过，我们提出相应的指正，也是帮助发问者可以有更合适的理解，从而能够更好地从致良知中获益。

试举几例如下。

问题 1：

面对快速变化的当今世界，如何致良知？致良知会将我们带向哪里？

反馈：

致良知是"道"，可以帮助我们个人内在心力的磨砺成长。但是致良知不是救世主，也不是拿过来就能解决世间问题的"术"。致良知不能把我们带向哪里。这样的问题，可能发问者需要先想一想，自己想问的，到底是什么？问这个问题时，自己内心是动了什么样的心？然后有益的讨论反馈才有从谈起。

问题 2：

自己在商场打拼，有时候会利用信息的不对称去做一些让别人吃亏自己赚钱的事情。从良知的角度感觉这样不对。是应该放下良知挣钱，还是坚持良知舍弃利益？有时会很纠结。

反馈：

有一个对良知常有的误解，是把"良知"泛道德化。我觉得自己做了不该做的事情，感觉就是"放下良知"了。致良知会帮助我们更好地遵循我们内心所认可的道德标准，但是良知本身并不等同于道德。这里的问题，也许发问者的真心想法是："我损人利己了。我该不该这样损人利己？道德和利益发生冲突了，我该如何选择？"一般可能的回答，也许会从"做了某事是不是损人利己"展开，不过那就不是我们学心学涉及的范畴解决的问题。这时候的发问者是内心有纠结了，每个人都会有纠结的时候，只是可能纠结的场景不同。纠结就是一种起心动念。面对纠结，我们该如何来应对？这是致良知要回答的问题。

问题3：

曾听到学友分享说阳明的很多说法都是相互矛盾的，比如阳明说"草不是恶的，不要将草去除"；阳明又说"如果草妨碍到你了，你除掉它就是"。心里知道学友这种说法肯定不对，觉得是捣乱，而且还一副很牛哄哄的样子，想骂他一句胡言乱语，可是又好像没想透他说的哪里不对。

反馈：

你提到的这个所谓"草恶不恶，能不能除"的对阳明的误解很有代表性，这些误解都是因为只是从语言逻辑上去理解，而并没有真正搞明白是良知导致的。我们这么讲大家可能就懂了：致良知是要凡事不纠结，他听见了也同意了，于是想去"不纠结"。可是他暂时还做不到，于是他就一直提醒自己"我要不纠结啊"。这时候我们就需要对他说"不要去管什么不纠结了"，然后他就疑惑了：一会要不纠结，一会不要不纠结，你矛盾不自洽啊！

同时，你可能还要想想"你觉得对方总是捣乱，而且牛哄哄的，以至于你想骂他一句胡言乱语"，这些念头又是什么样的念头？你是在良知的状态中吗？为什么对方不可能是一个认真但是确实没搞懂的学习者呢？你想骂他的心，是不是可能也是想显示自己多么厉害的心呢？

问题 4：

最近看到一个视频分享，是一个人在教家长如何应对自己孩子在校园被人欺负。这人说：一定要狠，找老师、找对方家长，要想办法让对方孩子公开赔礼道歉，弄到让对方怕了，否则孩子以后还会受欺负。这种方法对吗？如果从"致良知"的角度，我们该如何应对呢？

反馈：

遇到这种情况怎么处理，还是得自己内心去致良知问自己。问问自己看到和感觉到的是否客观？会不会有内在的夸大或者扭曲？自己孩子是什么想法和反应？真正搞清了，该去学校去学校，该让孩子消化面对就让孩子自己消化面对……

第一章　解悟心学

问题 5：

我发现自己学了阳明心学之后,最大的一个好处就是能经常反思和总结自己了,然后会发现很多自己不足的地方。这个过程中会经常有挫败感,想想自己一大把年纪了,还经常这么幼稚。

反馈:

你这种情况,《传习录》里恰好有一个类似的例子。阳明有个叫薛侃的弟子经常容易对过去的事情悔不当初。阳明说:反省悔悟是治病改正错误的药,然而重点在于反思改正了就好。如果一直纠结,则这药就又变成一种病了。【侃多悔。先生曰:"悔悟是去病之药,然以改之为贵。若留滞于中,则又因药发病"。(《传习录:一本书读懂阳明心学·薛侃录》)】

"小我"的很多东想西想,似乎也是一种反省觉察,但是"小我"会有懊悔纠结,致良知境界的"大我"的觉察,是对这种纠结的觉察。我们可以在一个自在不纠结的状态中适当反思过去,谋划未来。

问题 6：

学了心学,我们知道要凭良心做事,凡事要问问自己内心的良知。我是个销售,最近碰到一个蛮纠结的事情,公司最近生意不好,很多老客户的生意被对手抢走了。我觉得这个很重要,在会上给领导提了好几次了。领导每次都很不高兴,觉得我在找借口,最近一次直接在会上不客气地训斥我。我觉得特别委屈,心里真是为了公司好,否则谁管它呢。但是我凭良心没好报。是不是大家都混日子好了,也别管什么良知不良知了。

反馈:

你提到的是一个特别有意思的现象。很有名的一个领导力学者约翰·科特曾说:"在组织中,'枪杀'带来坏消息的人是一个几乎普遍存在的人类倾向。"

你是凭良心做事,领导不讲道理,确实很让人垂头丧气。我们能理解你的心情。不过我们可以尝试先从这种情绪中停一停,先跳出来,以旁观者的角度看看这个问题。

这个现象是不是一定就是领导不对?可能有几种情况。

首先,很多报告坏消息的人可能会从比较负面的角度谈,所以领导者要"枪杀"的是这种负面思维,不希望影响大家的斗志。

其次,坏消息意味着坏事情,这个坏事情可能本身就是报告消息的人造成的,所以自然会被"枪杀",责任者也自然宁愿掩藏。

再次,带来坏消息的时候,大家往往会讨论坏事情的原因,带来消息的人往往也是相关者,他如果只是一味地推卸责任,那当然也会被"枪杀"。这时候"枪杀"的是这种推卸责任的坏作风。

当然，也会有领导者自身的原因。坏消息总归不是那么让人愉快的，领导者听到坏消息，会有负面情绪出来。甚至坏事情本身可能就有领导者领导不力的因素在，这时候领导恼羞成怒产生负面情绪，"误杀"带来消息的人，也就难免了。

基于这些可能，是不是可以再琢磨一下我们遇到的是什么情况，然后考虑自己应该有什么样的举动合适？

问题7：

我理解的知行合一，是知不可为而为之，比如海瑞，比如阳明因言获罪。老师怎么看？

反馈：

这个讨论很有意思，很多时候我们谈的和阳明说的不是一回事。阳明谈知行合一的出发点，是让大家觉悟良知，然后依据良知而行，"行"甚至包括自己的起心动念。本质上这是"自我为学修为"方面的事情。而很多时候我们谈知行合一其实是在谈一个更为广泛的概念，例如谈某个历史人物是否知行合一，我们可能是在说：这个人是否对自己有足够高的道德要求，而且说到做到了。如果按这样理解，也许海瑞是知行合一，而张居正不是。但如果回到阳明的出发点，张居正如何不好说，海瑞谈不上是觉悟了良知而知行合一的人了。比如，海瑞过于执着于自己认可的道德标准，算是"毋意，毋必，毋固，毋我"的反面典型例子了。

问题 8：

最近看到一个视频提出这样一个问题：聪明又努力，为什么却难以成功？我自己也恰好思考过这个问题。看到身边有认识的人，聪明而且综合素质也强，很努力，而且似乎机遇也不错，但是其成就很有限。老师怎么看待这个问题？

反馈：

这个说法很有意思。当然我们需要说明的是：聪明又努力的人中成功者无疑很多，而且相对而言，其成功的概率一定会比那些不够聪明或不够努力的人成功概率更高。而且从较真的角度讲，谁说聪明又努力就一定该成功呢？古话还说"谋事在人成事在天"呢，再说所谓成功不成功的定义本来就千差万别，可能有人还要讨论"为什么要成功"，"小富即安"谁说又不是一个理想幸福的人生呢？

不过我们并不是想说明一个绝对的真理。这个讨论要表达的其实是：聪明又努力毫无疑问是优点了，但这些优点可能会带来一些局限，而这些局限妨碍了他们获得更大的成功。如果能够认识到这些局限，那无疑这些聪明且努力者，可以打开一个更加具有潜力的发展空间。

这些局限，可以总结为以下两点。

第一,聪明又努力的人往往"有一个强大的自我",但如果这个自我"过于"强大,反过来就造成了局限。这也是所谓的"我执",而"我执"将极大阻碍个人的发展。

聪明又努力的人往往从小到大都很优秀,学业傲人,工作表现出众,由此形成了强大的自我。这不能说不是好事,但如果自我"过于"强大,形成了自己的条条框框和见解,便可能成为过于固定的"成见"。这种"成见"的存在,可能带来的局限是:于内在不愿或不能"改变"自我;于外在不愿接受新东西,或者因为一直优异而错误"自负",或者因为追求完美而患得患失。

经验是个好东西,但经验变成了"成见"就成了障碍。现实环境在不断变化中,过去合适的方法现在可能已经过时。所以要持续地突破,就必然需要我们不断改变自我,客观针对当下的状况,采取合适的做法。否则,"成功可能变成失败之母"。

第二,聪明又努力的人往往容易有更多的选择,而选择太多有时候会"乱花渐欲迷人眼",容易让人迷失其中。于是怠于安稳而不愿去冒风险,不容易专注、忍耐而持之以恒。日久,则泯然众人矣。

很多情况下,如果有得选,很多人应该会倾向于选择当下更好、更安全、更能把握的东西,而不愿去冒风险。很多时候,未来更大的成功却往往是和不确定性和风险紧密联系在一起的。不愿承担风险,就意味着不能获得更大的成功。同时，奋斗的过程往往是艰辛的，当我们在迷茫中看不清前方崎岖的方向，而旁边又有一条似乎是明白舒服的道路时，我们就会丧失持续努力的决心。

那么对聪明且努力的人，如果希望有更好的发展和成就，可以做哪些改变呢？

在内心，找到真正的自我。做一个"活在问题里的人"，时时提问自己：当下是怎样的状况？于此我当采取怎样的措施？我是否受到杂念情绪的困扰而误判？我真正想要的是什么？我应该坚持还是值得放弃？如此，能够觉悟到自己内在无意识的局限，从而跳出"自我"的条条框框，以更"实事求是"的状态洞察现实，选择方向，并能够在专注但又不过度执着的心态下忍受困难和挫折而持之以恒。

这种境界，也就是阳明先生所说"致良知"的境界了。

问题9：

现在上海疫情时每天居家，说实话干什么都不太有心思，包括心学也不太想学了。怎么办？

反馈：

阳明心学本质上是修心之学，修心不是学知识，关键点不是要你额外花时间去看书增加知识。修心是在日常生活工作中，内省觉察，去除"小我"的杂念，以臻于良知境界。

所以，日常工作生活中事情越多，小我的私心杂念可能就越多，那么你修心的机会也就越多。当然，前提是你有了"内省觉察"的意识，阳明把要时时提醒自己"觉察"称作"立志"。

阳明的主要弟子徐爱说过："先生之道，即之若易，而仰之愈高；见之若粗，而探之愈精；就之若近，而造之愈益无穷。"（《传习录：一本书读懂阳明心学·徐爱录》）觉察这个做法，乍一听确实太简单（"即之若易""见之若粗""就之若近"），但实现起来，其中的作用"如人饮水，冷暖自知"。"仰之愈高，探之愈精，造之愈益无穷"是徐爱真实不虚的感受，大家可以自己慢慢体会和感悟。

人生中的各种磨难困苦本是正常的事情，而这种磨难困苦恰恰也是我们淬炼心力的良机。借用阳明上面的回答，我们也可以这样来阐述：既然碰上了困难和挑战，我们就从这些事情上去淬炼我们的心力吧。

许多情况都是私心杂念，只有你自己知道。你要仔细反省、觉察、克制，以防心中有丝毫偏离而误判是非。

如果能做到这些，就是"良知"在发挥作用了。所有这些情形，无不是实实在在淬炼心力的机会了。

问题 10：

我个人的理解，学习心学的一个核心问题是搞明白"我"到底是谁，说实话我现在对这一点还是懵懵懂懂的。老师是不是可以帮忙点拨一下？

反馈：

"我"到底是谁？这确实是一个核心而且经典的问题。其实可以说是弄明白了这个，一通百通。心学也罢，佛学、东西方的哲学也好，很多东西便都通了。这个问题要复杂可以很复杂，要简单又很简单。今天我们不展开，下面有一篇短文，可以看看是不是会有些启发。

"我"是谁？

平时那些各种各样、纷繁复杂的念头是"我"吗？那些反复无常的情绪是"我"吗？那些我们各种执着的观念是"我"吗？当我们静下来，什么都不想的时候，那种平和自在的感受是"我"吗？

它们好像都是"我"，但是好像又不一样。似乎可以把它们理解成"自我"的"子集"角色，或者称一个个"小我"。

内在的各种"我"可以具体命名如下。

大我：代表那种心无杂念、平和自在，几乎可以"物我一体"的感受，阳明称之为"良知"。传统文化还有很多叫法，如道心、佛性、道、仁，等等。总之这些叫法都是标签，到底是什么还得你自己去感受和体会。

小身（体）：代表身体。

小观（念）：代表自我的各种观念认识。比如，人生啊，做官发财才是最好的了。

小念（头）：代表平时随时起来的各种念头。比如，这次事情搞不好，我就完蛋了。

小情（绪）：代表各种情绪。如，喜怒哀乐等。

我们做一个有趣的想象，年底时我们内在的各个"我"聚在一起开总结会议。

大我（又名：良知）：现在是我管事了，但是大家都还是会有自己的位子，不过要服从指挥。年底了，开个总结会，大家发发言。

小身（体）：我今年做得挺好，后续继续保持锻炼，平时注意有规律作息，节制饮食，关注身体的磨损，需要保修的正常保修。

小观（念）：我成年累月受各种经历的事情影响，外界的灌输养成了现在的我；有时候我合适，有时候不合适。今年有进步，知道凡事不绝对了。以后请"大我"您多指教啊。

小念（头）：我比较听小观的，他是我的导师和领导。另外，喜欢胡思乱想是我的天性，给我的权力越大，我越要捣乱。今年我掌握的权利很多时候被剥夺了，好吧，我认输。不过，我还是会一直很活跃的，毕竟做具体事情还是很需要我的。

小情（绪）：我就是服务掌权者的，小念掌权，他一胡思乱想，我自然就呼应。今年他动静少了，我的波动自然就小了。不过我如果发威了，大家在当下多"观照"我，我自然就会烟消云散的。拜托了。

大我：总结一下，今年确实是不平凡的一年，但是不平凡本就是人生的常态，所以大家要以平常心，过好生活。大家都很重要，都是有价值的，表现都不错，以后各得其所，继续加油！

这个小故事只是试图启发大家，对自己内在的观念、杂念、情绪、身体感受等有一个觉察了解。希望大家正确理解。

掩卷时刻：

1. 当我们在说"阳明心学"时，我们到底在说什么？
2. 你的内在现在有怎样的体会和觉察呢？

第二章
证 悟

> 先生曰：子夏笃信圣人。曾子反求诸己。笃信固亦是，然不如反求之切。
>
> ——《传习录》

在第一步的解悟阶段，我们学习的主要做法是去看书，既看诸如《传习录》等各类经典，也可以看类似本书这样的学习解读；或者去听各种讲座，与学友们交流探讨，就不理解的问题寻求答案。当年阳明也是把讲学作为主要的教育传播方式。这些相关的做法，我们可以称之为"向外求"，经过这个必要的"向外求"的阶段，我们可以得出的理解应该是：最终要达到"致良知"的境界，我们需要"向内求"，即自己在内心去体悟。

阳明先生借用《大学》开篇之文对心学淬炼之道有过精练的描述。我们先来看看他的文字：

"今焉既知至善之在吾心，而不假于外求，则志有定向，而无支离决裂、错杂纷纭之患矣。无支离决裂、错杂纷纭之患，则心不妄动而能静矣。心不妄动而能静，则其日用之间，从容闲暇而能安矣。能安，则凡一念之发，一事之感，其为至善乎？其非至善乎？吾心之良知自有以详审精察之，而能虑矣。能虑则择之无不精，处之无不当，而至善于是乎可得矣。"（《王阳明全集·卷二十六·续编一·大学问》）

我们可以这样理解阳明先生的这段话：

我们既然知道至善（良知）在我们的内心，则可以有确定的致良知的方向了（向内求）。向内求，心不妄动而能静；更进一步，在日常事情中也能够随遇而安，心安之后就有了觉察，可以觉察到各种杂念，这就是"虑"，能时时觉察，也几乎可以说是"致良知"，也就是"得"的境界了。

核心的意思是说：要向内求，然后可以臻于"静、安、虑、得"的境界。

第一节　向内求

道须从内心体悟，不假外求

阳明说：如果向自己内心去求，找到自己内在的"本心"（大我）并安住在这个本心之上，那么就会明白"时时处,从古到今的道都是这个道",哪里有什么不同?心即道,道即天,明白了本心就明白了道和天是什么了。阳明又说:大家要明白理解这个"道",必须从自己内心去"体认",不要向外面去求,这样才可能有收获。【若解向里寻求,见得自己心体,即无时无处不是此道,亘古亘今,无终无始,更有甚同异?心即道,道即天,知心则知道、知天。"又曰:"诸君要实见此道,须从自己心上体认,不假外求,始得。"(《传习录:一本书读懂阳明心学·陆澄录》)】

从这个角度上讲,心学不是学知识,不是我们通常意义上的学问。《道德经》有云:"为学日益,为道日损。"学知识需要越多越好;为道修悟心学,不是越多越好。心学是自我内在的磨砺和实践,要"为道日损"。那么损的是什么?我们后面慢慢展开来讲。

我们再来看看《传习录》里提到的另外一个有关佛家的有趣的故事。

有一次阳明和朋友们一起论学。一位朋友举佛家的一个公案例子说,一禅师伸出手指问大众:"你们看到了没有?"大众说:"看到了。"禅师又将手指缩回袖中,又问大家:"你们还能看见吗?"大众回答:"看不见了。"佛家说,这是还没有见性的表现。朋友不太明白这个公案的意思,特地请教阳明。

阳明说:"手指有看得见和看不见的时候,但能见的性(良知)常在。人的心神只在有见有闻上驰骋,而不在不见不闻上切实做功夫。不见不闻是良知的本体，戒慎恐惧是致良知的功夫。学习的人如果能时时刻刻地看到他看不见的地方，常听到他听不到的东西，致良知的功夫才有真正的着落。久而久之，功夫纯熟后，不需要用力，用不着提防俭省，真性自然生生不息。又岂会被外在的见闻所累呢？"

佛家追求见性的"性"，从某种意义上理解，与良知其实几乎是一个东西。佛家常常有禅师用伸出一根手指的方式，让大家聚焦心神在手指上，从而去除杂念，在去除杂念之后可以感悟到"自性"。手指只是外在的一个道具而已，你的自性只在你的内心。你明白了这一点，禅师把手指藏起来的时候，你还是可以感悟到你的自性。所以阳明这里要表达的，其实也是要"向内求"的意思。

体验和只听讲效果不一样

阳明有一次讲学时问：九川，你对致良知，近来有什么体验？

九川说：感觉与以前不同。以往常不能恰到好处，现在能做得恰到好处了。

阳明说：可见体验到的和听讲的就是不一样。我当初给你讲的时候，就知道你听得糊里糊涂的，没有真切体味到。从恰到好处再往深处体会，每天都会有不同的认识，这是没有止境的。【先生问："九川于'致知'之说，体验如何？"九川曰："自觉不同。往时操持常不得个恰好处，此乃是恰好处。"先生曰："可知是体来与听讲不同。我初与讲时，知尔只是忽易，未有滋味。只这个要妙，再体到深处，日见不同，是无穷尽的。"(《传习录：一本书读懂阳明心学·陈九川录》)】

心上做功夫，受诽谤欺侮也受益

先生又说："诸君做功夫，千万不要拔苗助长。有上等智慧的人极为稀少，学者没有顿超成圣的道理，一起一伏，一进一退，正是做功夫时的正常情况。不能因为我之前用过功夫了，现在功夫倒退，不管用了，就勉强装出一个没有破绽的模样。这就是"助长"，连以前做的功夫也被破坏了。这不是小错。就好比走路的人跌了一跤，爬起来再走即可，不要装出一副不曾摔倒的样子。大家只要保持一种'遁世无闷，不见是无闷'的心态，依靠自己的良知，耐心地做功夫，不管别人的诽谤、讥笑，不管别人的称赞、侮辱，不管功夫的进步或退步，只是抱定致良知的信念不停止，时间长了，自然会有得力的地方，面对一切外在境界自然能岿然不动。"又说："人如果切实地在心地上做功夫，别人毁谤也好，欺瞒也罢，处处都能受益，处处都是增加德行的资本。如果做不了功夫，别人的毁谤和欺瞒就是阻人进步的魔,学者终将被它累倒。"【又曰:"诸君功夫,最不可'助长'。上智绝少,学者无超入圣人之理。一起一伏,一进一退,自是功夫节次。不可以我前日用得功夫了,今却不济,便要矫强做出一个没破绽的模样,这便是'助长',连前些子功夫都坏了。此非小过。譬如行路的人遭一蹶跌,起来便走,不要欺人做那不曾跌倒的样子出来。诸君只要常常怀个'遁世无闷,不见是而无闷'之心,依此良知忍耐做去,不管人非笑,不管人毁谤,不管人荣辱,任他功夫有进有退,我只是这致良知的主宰,不息久久,自然有得力处,一切外事亦自能不动。"又曰:"人若着实用功随人毁谤,随人欺慢,处处得益,处处是进德之资;若不用功,只是魔也,终被累倒。"(《传习录:一本书读懂阳明心学·黄修易录》)】

方向对了不怕慢

阳明在一次回复弟子来信时说:收到你的来信,看到你近来学问骤进,我的欢喜、欣慰不可言表。你的信我仔细读了好几遍,其中虽然也有一两处地方没有透彻,这是因为致良知的功夫还没有纯熟,等到真正纯熟了就不会出现这样的情况了。就好比驾车,虽然已经走在了康庄大道上,但有时也会出现迂回曲折的情况,这是马性没调教好,缰绳没有勒齐的缘故,然而既然已经在康庄大道上了,就不会再受骗误入歧途。【"得书,见近来所学之骤进,喜慰不可言。谛视数过,其间虽亦有一二未莹彻处,却是致良知之功尚未纯熟,到纯熟时自无此矣。譬之驱车,既已由于康庄大道之中,或时横斜迂曲者,乃马性未调、衔勒不齐之故,然已只在康庄大道中,决不赚入旁蹊曲径矣。(《传习录:一本书读懂阳明心学·答聂文蔚(二)》)】

看书不明白怎么办

证悟阶段,我们提到看书是一个有益的补充的学习方法,但是书中的文字有其局限性,所以大家看书时一定会产生许多疑惑。阳明的弟子们常常也是这样。

有一次有弟子问阳明:看书总是搞不明白,怎么办呢?

阳明回答:之所以不明白,主要是因为只从字面意思去理解。要是这样,倒不如像原来程朱理学一样去学习。他们倒是看得多,也解释得通,只是他们做学问,虽然把意思解释清楚了,但毕生对自己(生命成长)没什么大的收获。必须在心体上下功夫,但凡看不明白,行不通的,须反过来在自己心体上观照体悟,这样才能弄明白。"四书五经"不过是说这心体。这心体就是"道"(去心体上体悟,才能悟道),在"心体"上体悟明白了,"道"也就清楚了。再没有第二种方法了。这是为学的关键所在。【问:"看书不能明,如何?"先生曰:"此只是在文义上穿求,故不明。

如此，又不如为旧时学问。他到看得多，解得去，只是他为学虽极解得明晓，亦终身无得。须于心体上用功，凡明不得，行不去，须反在自心上体当，即可通。盖四书五经，不过说这心体，这心体即所谓'道'，心体明即是道明，更无二。此是为学头脑处。"（《传习录：一本书读懂阳明心学·陆澄录》）】

另外有一次，阳明的一个学生九川问："致良知的功夫只能在心上体会明白，但在解释书上的文句时解不通。"阳明回答说："只要心里明白了，书的意思自然能融会贯通。如果心里不明白，只是通晓了书上的文句意思，只会在意识里产生一些新的见解，形成知见障。"【九川问："此功夫却于心上体验明白，只解书不通。"先生曰："只要解心。心明白，书自然融会。若心上不通，只要书上文义通，却自生意见。"（《传习录：一本书读懂阳明心学·陈九川录》）】

记得、晓得、明得

再有一次，有朋友问阳明：读了书后，背不下来（不记得）怎么办？阳明说：只要"晓得"（理解），为什么要记得？"晓得"已经落在读书学习的第二义（次高的境界）了，读书学习的最高境界，是要体悟到自己的本心。如果只是要记得，可能会不理解；如果只是要理解，可能会不知道要去体悟自己的本心。【一友问："读书不记得如何？"先生曰:"只要晓得,如何要记得?要晓得已是落第二义了,只要明得自家本体。若徒要记得,便不晓得;若徒要晓得,便明不得自家的本体。(《传习录:一本书读懂阳明心学·黄省曾录》)】

狗要扑人

《传习录》上记录了这样一段对话,阳明回复学生陆澄(字原静)请教问题的信公开后,大家都认为陆澄善于提问,阳明善于解答,都学到了过去没有听说过的东西。阳明说:"原静所问,只是在经典的知解上转来转去,我不得已只好跟他分段解释。如果真相信良知,只在良知上下功夫,即使是千经万典没有不吻合的,异端邪说一触尽破,何必要这样一节节分开解释呢?佛家中有狗不咬人而追逐石块的比喻,看到石块去扑人,才能咬住人,见到石块追逐石块,在石块上能得到什么呢?"在座的同学们听了,都惕然若有所悟。先生的学问贵在反省内照,并非可以从知解上获得。

【钱德洪曰:答原静书出,读者皆喜澄善问,师善答,皆得闻所未闻。师曰:"原静所问只是知解上转,不得已与之逐节分疏。若信得良知,只在良知上用功,虽千经万典无不吻合,异端典学一勘尽破矣,何必如此节节分解?佛家有'扑人逐块'之喻,见块扑人则得人矣,见块逐块于块奚得哉?"在座诸友闻之,惕然皆有惺悟。此学贵反求,非知

解可人也。(《传习录：一本书读懂阳明心学·答陆原静书（二）》)】

那么我们到底应该具体怎么做才可能证悟？

这里要额外说明的是：上面提到的"读书"中所指的"书"，主要都是指当年学子们读的儒家"四书五经"的经典，都是聚焦于要"修身"，然后"齐家治国平天下"的书籍。如果是我们现在许多的科普类或技术类书籍，那自然也需要有不一样的读书学习法。这个相信大家都能够理解。

第二节 体悟大我

> 尽信书，不如无书。 ——《孟子·尽心下》

我们现在已经弄明白了心学是怎么回事，并确定"向内求"。那么如何做呢？向内求，是从内在自己去"体会明白"，即所谓证悟。到了这一阶段，可能你需要不时地放下手中的书，去练习体会。记住，是体会，不是用思维中的概念逻辑推理思考。

重要的事情说三遍：不是思考！不是思考！不是思考！

证悟不再是用思维概念进行逻辑思考，所以可能没有办法用语言清晰地描述。有一次，弟子请阳明描述一下悟得天理时的感受，阳明这样回答：哑巴吃苦瓜，和你说不得。你要知此苦，还须你自己吃。【先生曰："哑子吃苦瓜，与你说不得。你要知此苦，还须你自吃。"（《传习录：一本书读懂阳明心学·薛侃录》）】

虽然我们没有办法用语言清晰地描述，但是能否还可以做一些说明？继续往下看，也许我们慢慢就可以若有所得。

平息念头

日常在脑海中像水流一样源源不断的"念头"，都代表"你"吗？这些念头可能总是相互矛盾，让你心烦意乱。尝试着把这些念头平息下来，你需要有一个意识跳出来，好像旁观者一样，看到自己的各种念头。

阳明曾经和弟子们一起聊到修炼的功夫。阳明说：刚开始修学的时候，脑袋中会心猿意马、想法念头很多，定不下来，而这些念头，多是私欲方面的事情，所以要先学静坐，把念头停息。【"初学时心猿意马，拴缚不定，其所思虑，多是人欲一边，故且教之静坐息思虑。"（《传习录：一本书读懂阳明心学·陆澄录》）】

注意这里的"私欲"，我们之前已经特别说明过，并不完全是我们通常所理解的"自私自利的想法"，而是指不恰当的、过度执着的想法意念。比如，热爱学习自然是好事情,但如果你"过于热爱",以至于时时担心自己学习不好怎么办而产生焦虑情绪,这就已经是"私欲"了。【"喜、怒、哀、乐本体自是中和的,才自家着些意思,便过不及,便是私。"(《传习录:一本书读懂阳明心学·陆澄录》)】

在这个阶段,最为核心的一个要点是你要明白平时头脑中的各种念头不是"你",你要去"感受体会"接触到你内在的那个"大我",即良知。有了这个体会,你才可能跳出日常自我的各种杂念,而升起一种"觉察力"。《道德经》里提到"为道日损","损"的是什么?从这个角度上理解,损的就是念头。当念头平息的时候,你就可能感悟到那个"道"。

阳明的弟子钱德洪对这方面有具体的介绍:"我对先生教的良知心学好像明白又好像不明白。同门前辈有介绍静坐的经验。我便找了僧房闭门练习静坐。静坐之中忽然有了顿悟,感受到了良知真体。自此对自己的各种念头可以清晰地觉察、观照。于是高兴地跑去给师父汇报。"【"德洪自辛巳冬始见先生于姚,再见于越,于先生教若恍恍可即,然未得入头处。同门先辈有指以静坐者。遂觅光相僧房,闭门凝神净虑。倏见此心真体,如出蔀屋而睹天日,始知平时一切作用,皆非天则自然。习心浮思,炯炯自照,毫发不容住著。喜驰以告。"(《王阳明全集·刻文录叙说·钱德洪》)】

德洪的切身体会就是证悟,非常真实,也非常实际。

对懵懵懂懂不知良知到底为何物的学习者有作用。

但是，一旦体悟了良知真我，静坐可能就不一定是必须之法。阳明对此有过专门的解释说明，阳明说：我以前在滁州的时候，见学者只是每天嘴巴上讲来讲去，无异于得。于是就教他们静坐，一时学生们都有所觉悟。但久了，学生们渐渐有喜静厌动的趋势，所以后来就只是讲致良知了。悟了良知，有事没事，只需要去觉察。良知是无所谓动也无所谓静的。【先生曰："吾昔居滁时，见学者徒为口耳同异之辩，无益于得，且教之静坐。一时学者亦若有悟；但久之渐有喜静厌动流入枯槁之病。故迩来只指破致良知工夫。学者真见得良知本体昭明洞彻，是是非非莫非天则，不论有事无事，精察克治，俱归一路，方是格致实功，不落却一边。故较来无出致良知话头无病何也？良知原无间动静也。"（《王阳明全集·刻文录叙说·钱德洪》）】

钱德洪很高兴，既体悟了良知，又得到老师指点，明白了不能过于纠结静坐。自己退下来后在平时事事反省觉察，渐渐觉得功力有所增长。【德洪既自喜学得所入，又承点破病痛，退自省究，渐觉得力。（《王阳明全集·刻文录叙说·钱德洪》）】

德洪的"退自省究"，就是得悟良知后，旁观杂念以及感受杂念带来的情绪，是平息杂念的一种方法。各种杂念总是弄得我们心烦意乱，而且各种情绪出来后，会给身体带来各种不舒服的感觉。这时候的旁观，是要让我们的觉察"听到"让我们烦神的念头,"感受到"那种不舒服的感觉;对思维杂念,要觉察到杂念后面的念头;对情绪感受,要像阳光照耀在冰块上一样去体会那种感受。这种定的觉察,慢慢就会让你的不舒服消散掉。

第三节　悟后修

心学淬炼的最高境界是彻悟。所谓"从人事练习而得者,忘言忘境,触处逢源,愈摇荡愈凝寂,始为彻悟"。前面提到的证悟的人,经过事上磨炼,能够做到一直在开悟的状态中,时时让自己的良知在线,时时可以做到"物来顺应,未来不迎,当时不杂,既过不恋"。那么,便可以称之为"彻悟之人"了。

"事上磨"是阳明心学中一个非常重要的理念,我们也会再阐述、探讨。但是在这里可以先特别说明的一点是:事上磨要体悟大我后,再悟后修。没有悟的修可能不是修,修来修去也许还是只无头苍蝇。

在"向内求"的某个瞬间,你可能恍然而证悟"良知"。这个时候,可以各有一个好消息和有一个坏消息告诉你,你想听哪一个?好消息是你获得了一个关键性的进展,自然值得恭喜;而坏消息是你这个"感受"会和你捉迷藏,而且你几乎马上会回到平常状态,你还是会经常管理不好自己的情绪,后续你还是不得不需要持续不断地自我淬炼。

当然，因为"领悟"了，你可以真正知道如何"修"了。所谓"悟后修"即是这个意思。

阳明说：为学致良知必须明白什么是良知，去做觉察功夫的淬炼才具体知道怎么做。即使不能做到一直不间断在良知的境界，也会像船有了舵一样，随时可以提醒自己觉察。不然，虽从事于学，也只是"义袭而取"（偶尔好像有些收获），却做不到，也无法觉察自己的杂念，这样的状态就不是"大我""本心"的状态，也不是"悟道"的状态。阳明又说：你体悟到了致良知的境界时，横说竖说就都能明白。如果碰到这里好像懂了，那里又不明白了，那就是并没有真正地明白"致良知"。【先生谓学者曰："为学须得个头脑，功夫方有着落。纵未能无间，如舟之有舵，一提便醒。不然，虽从事于学，只做个'义袭而取'，只是行不著，习不察，非大本、达道也。"又曰："见得时，横说竖说皆是。若于此处通，彼处不通，只是未见得。"（《传习录：一本书读懂阳明心学·薛侃录》）】

阳明还说：人如果体悟到自己的良知，知道致良知的淬炼诀窍，不管自己有多少邪思妄想，只要一觉察，邪思妄想就都能自然消散融化。良知真是一粒灵丹，可以点铁成金。【先生曰："人若知这良知诀窍，随他多少邪思枉念，这里一觉，都自消融。真个是灵丹一粒，点铁成金。"（《传习录·下卷·陈九川录》）】

当然，所谓的悟后修的"悟"，也不是绝对的说法。我们大致知道内心的念头并不能代表我们，当内心这些烦神的一个个念头起来的时候，我们可以跳出来，有另外一个意识觉察到自己各种念头的好玩可笑，同时不至于陷在这些念头带出来的情绪中。而且这时候你不仅仅是从概念上理解这个意思，还可以在某个瞬间体会到"这种不一样的内心平和的感觉"。大略这个瞬间你可以算作自己和"悟"有了一个亲密接触了，然后你可以继续修习磨炼自己。

一次有学生问阳明：悟了良知然后才可以有去致良知淬炼的诚意啊。现在我对天理人欲还似懂非懂，如何用得了观照克己的功夫呢？阳明说：人如果真实地切己用功不已，则可以对自己内心的天理细微的感悟日渐一日地透彻，对私欲杂念细微的觉察功力也会日渐一日地加强。如果不用切己功夫，终日只是嘴巴上说说，天理当然无法感悟，而私欲也自然无法觉察观照。像人走路一样，走得一段，才认得一段，走到岔路口，不知道路了就问，问了再走，才渐渐能到达目的地。现在的人，已经明白的天理不肯去继续体悟磨炼，已经觉察到的人欲也不肯去观照消除，却只是在那担心不能完全理解天理，一味地空谈，这有什么用呢？还不如等到自己没有私欲杂念、觉察消除的时候，再发愁不能完全明白天理，也还不算晚啊。【问："知至然后可以言诚意。今天理人欲知之未尽，如何用得克己功夫？"先生曰："人若真实切己用功不已，则于此心天理之精微日见一日，私欲之细微亦日见一日。若不用克己功夫，终日只是说话而已，天理终不自见，私欲亦终不自见。如人走路一般，走得一段，方认得一段，走到歧路处，有疑便问，问了又走，方渐能到得欲到之处。今人于已知之天理不肯存，已知之人欲不肯去，且只管愁不能尽知，只管闲讲，何益之有？且待克得自己无私可克，方愁不能尽知，亦未迟在。"（《传习录：一本书读懂阳明心学·陆澄录》）】

> **掩卷时刻：**
> 1. 我们明白"证悟"到底意味着什么了吗？
> 2. 我如何开始我的"证悟"行动？
> 3. 在"证悟"的尝试之后，我的体会是怎么样的？

中部

无我领导力淬炼

> 南怀瑾大师过去几十年的努力，着重于帮助中国领悟儒学传统的精神基础，以及如何将其与道释学问融会一体。他以为，在过去 500 年里，这种领悟大都遗失，但今天迫切需要。比如，他在《原本大学微言》中的全新诠释中指出，《大学》是一部以"领导力形成发展的七证反思空间"（即：知、止、静、定、安、虑、得）为根基的领导力培育手册。真正的领导力并非来自企图心或是源自地位的威权，而是来自一个人一生专注培育自己的深入倾听能力。
>
> ——彼得·圣吉《第五项修炼》

第三章
领导力

第一节　带人成事的行动

> 战争打到一塌糊涂的时候,高级将领的作用是什么?就是要在看不清的茫茫黑暗中,用自己发出微光,带着你的队伍前进;就像希腊神话中的丹科一样,把心拿出来燃烧,照亮后人前进的道路。
>
> ——任正非

什么是领导力?这似乎并没有一个标准的定义。有关的理论研究层出不穷,我们通常会认为领导力是能力,也有人认为在领导力中,真诚、谦逊之类的品质更重要,还有如著名学者库泽斯和波斯纳提到的,领导力也可以当作是一种结果导向的行动。能力只是行动的支撑,能力不够,结果导向的行动要求可以牵引能力的培养;而如果没有结果导向，为能力而能力没有太大的意义。

我们借鉴这一点，可以给出一个领导力最为精简的定义表达，即领导力是带人成事的行动。

最为重要的一个关键词是"成事"。首先我们强调"成"，是要强调"结果导向"。领导力的核心是结果导向，不谈结果的领导力是没有意义的。对不同的机构和个人，也许要的结果不一样。比如对企业，结果从根本上就是"持续的生存和发展"。在企业中，我们需要各级领导者，都能围绕最终结果或目标做事。

其次重要的是"事"。要成事，要成的是什么样的"事"？要先选对的"事"做，然后是把"事"做对，最后才会"做成事"。从企业的角度，做对的事，是战略要考虑的范畴；把事做对，是执行的领域。

成事是结果，这个结果怎么来？当然来自我们不懈努力的行动。"成事"的前面还可以加一个动词："做"成事。馅饼不可能从天下掉下来，任何事情都可能是困难重重，只有做起来，才可能找到实际的答案。

我们特别说明领导力是行动，一方面是行动确实重要，另一方面还是为了强调领导力是所有人都可以通过学习淬炼而做到的。人人可以"学而至"。

国内知名的领导力专家刘澜老师把领导力定义为"动员团队解决难题"，也同样强调领导力是"行动"。解决不同的难题是成事过程中必经的挑战。如果把"难题"定义成"我们要的结果"的话，这个定义与我们所说的结果导向是一个意思。但是，为了避免有人把"解决难题"看成只是一个过程，"成事"之说可以让我们更加清楚地聚焦在结果导向上。有时候要"成事"，需要解决摧毁某个难题，也可以绕开某个难题。要摧毁，还是要绕开，以是否能够获取最终结果的胜利作为考虑的出发点。

同时，在定义中我们强调的是"带人"而不是"带团队"，是为了说明：不仅仅是你有带团队的正式职务才需要领导力，你也许暂时还没有正式的管理职务，但是可能在工作中也一样常有为了达到某一个目标而需要去影响协调他人的场景。在此之外，在我们人生成长过程中的方方面面，都需要领导力的价值。学生在学校里组织小组活动需要领导力，成人引导孩子如何更有效地去争取学习进步也需要领导力，或者年轻人在闲暇之余找一帮朋友组织娱乐又何尝不需要领导力。我们在社会中经常要牵头去做事，而且是要和大家一起做事，凡是和这两者相关的，都是领导力的用武之地。

当然我们说领导力是行动，并不是说领导力不需要有能力。恰恰相反，强的领导力一定意味着有强大的"自我"，以及相关的可以领导他人去开展行动获得结果的"能力"。领导者需要不断去追求自我的成长和价值的彰显，才谈得上具备我们期望的领导力。

其实不仅是"领导力"相关，抑或是生而为人，追求自我的成长和价值彰显，把"自我"做大做强，有更大的成就，更大的名望，更大的财富规模，乃至更大的权力和影响，能做到所谓"功成名就、光宗耀祖，同时齐家治国平天下去给社会以更大的贡献"的状态，毫无疑问是我们所倡导和鼓励的，而要做到这些，也需要"自我"有更大的力量。

我们在生活中还会看到有一些人对自己没有信心，内心自感"弱小"而缺乏能量和勇气，甚至于找不到人生的价值和方向，这样的"没有自我"是应该去避免和改善的。

那为什么我们还需要来谈"无我"？听起来这难道不是自相矛盾吗？

第二节　有我和无我

> 所谓一流的智慧，是指同时具备两种互相对立的思维方式，并能使其正常发挥作用的能力。
> ——美国作家，F. S. 菲茨杰拉尔德
> （Francis Scott Fitzgerald）

自我的局限性

前提、定义和论证过程

世上没有绝对的东西，任何判断和结论也都是有其相

对的前提和定义限定的。为什么这个判断成立？是因为这样的一个前提：我们常说的教条化，其实质就是忽略任何判断成立的前提条件，把一个判断当作放之四海而皆准的真理，这个真理就成了教条。

我们要准确理解一个判断，还要充分理解对这个判断的准确详细的定义。比如我说要"大力弘扬传统文化"，而你反驳说"你要把皇上请回来吗"，那我们彼此对这个话题的定义是有很大的偏差的。我说要弘扬传统文化，相对准确的定义其实是在说：传统文化虽然也有需要抛弃的糟粕，但毫无疑问更多的是有价值的精华，我们应该弘扬传统文化中的精髓。

我们要判断一个论点是不是站得住脚，同时也需要理解这个论点的前提及相应的论证过程。这样，你才可能有更加准确地判断和理解的能力。近年罗振宇跨年演讲大热，遭到很多人抨击。有一篇《罗振宇的骗局》抛出"大部分知识付费都是大忽悠"的论点，借以支撑"骗局"之说。其中一个论证的过程是：因为知识付费传授的知识常常"药不对症"，所以大部分知识付费都是大忽悠。这里隐含的观点是：付费买知识就像去医院看病一样，需要"罗振宇们"对症下药；而"罗振宇们"只管卖统一的知识，没有针对性，所以他是大忽悠。这个论证过程可真是高看了知识付费了，知识付费顶多像个卖营养品的柜台，大家只能自己选购，什么时候有过一分钟看病诊断的过程呢？这种情况除非"罗振宇们"告诉大家"只要到我这知识付费,别的书和学习都不需要了"。好比卖营养品的忽悠老人们"只要吃我的营养品就包治百病,不需要去医院了",否则又怎么能算大忽悠呢?

　　有足够的认知能力,准确地理解对方观点的定义、前提和论证的前提,对提高我们的沟通能力有非常大的意义。当我们的观点和对方观点不一致,如果有不认可和不同意的地方,切记不要简单粗暴地否定,这种方式很可能造成对方在情绪上的对立,从而无法更有效地沟通。这个时候,你可以想想,你和对方已经真正理解了彼此的观点了吗?你不认可对方的观点,这个观点是基于什么样的前提,而这个前提是不是确实不符合实际?而符合实际的前提下,应该是什么样的观点。比如罗振宇如果要和"骗局"一书的作者商榷的话,他这样说也许是更有说服力的:"你说知识付费是大忽悠是有道理的,前提是如果(基于移动互联网的)知识付费学习,只强调这种方式学习,而否定其他更加系统性学习方式的价值,那么这种知识付费就是大忽悠。但是我们不是这样做的。"如果对方这样来为自己辩护,而你是一个心平气和的讲理者的话,你是不是比较能够听进去对方的意见?

自我认知的牢笼

> 要像一个小孩一样在事实面前坐下来,愿意抛弃任何先入为主的观念,谦恭地追随大自然的引领去往任何地方或深渊,否则你将什么都学不到。
>
> ——英国博物学家、教育家,
> 托马斯·亨利·赫胥黎(T. H. Huxley)

遗憾的是我们在现实生活中的思考往往并没有这么缜密和严谨,我们会在头脑中储有许多判断、假设、概念和标签,然后这些储备可能让我们更加有效地去应付生活。加拿大管理学者柏瑞·博伊斯在《全胜》一书中提到:"人类的经验领域丰富而多面,如果每次互动都要从头开始构建对'现实'的理解将会非常耗时费力,所以我们自然而然地依赖过去的经验和已经形成的模型来判断应该如何应对当下。哲学家、语言学家、认知科学家和脑神经学家,长期以来都对人们是如何一次次地整合对世界的认知而充满好奇。"

我们也许会在第一次看到一个人时,就在头脑中给对方贴上"这个人没思路"的标签;我们也可能有"做生意就是要讲关系"的固化思维;我们做事情往往难以坚持,可能是因为内心隐含了一个"我就是什么也干不好"的判断,所以在关键时候就会放弃,等等。还有另外重要一点,你常常会有内在情绪的忽然触发,"得失荣辱"有关的事情都可能引发你的情绪烦恼。

这样的状况,用一个也许略显夸张但是颇为形象的词语表述,可以称之为"自我认知的牢笼"。

下意识反应模式

而更麻烦的是:我们往往对这一切并不自知,我们对外界的事情是以"下意识反应"的模式在应对。

这种"下意识反应模式"的依据也许是刻在人类进化的基因中的,比如人的"自我"天生在乎"得失荣辱",很多喜怒哀乐的情绪都来自"得失荣辱"的影响,这是人人所知的天性。而为什么会这样?是因为人在进化的过程中,环境是很恶劣的,"得失荣辱"可能关乎自己的"生存"。英国皇家科学院院士、牛津大学教授理查德·道金斯认为:"我们所谓的'利益'就是指'生存的机会',即使行为的效果对事实上的生与死所产生的影响小得微不足道。"当人类社会发展到 21 世纪的今天,实际的文明状况已经不需要我们斤斤计较于各种"利益"才能获得"生存的机会",但是留在基因里的天性似乎还在发挥着作用。

而我们在从弱小到强大的成长过程中,因为过程中的相对弱小而导致的"自卑意识"是很多人的客观状况。这些都会导致我们内在形成一个可能自己都没有觉察的"不安全感"。很多时候遇到问题,我们会倾向于归因于外界,而不愿承认是自己的原因所致，其本质也是有不安全感，似乎承认了自己的不足，就会形成威胁。这种不安全感的存在，一个直接的影响是我们情绪的波动。外界的忽视、指责，和对利益的侵犯等，都可能导致内在"不爽"，而这种内在情绪的"不爽"，会导致我们在处理事情时无法如实客观，进而影响到最终的效果。

有无的统合

山水论

一千三百多年前一位叫青原的禅师说过一段很有名的有关参禅的"山水论"，青原禅师说："参禅之初，看山是山，看水是水；禅有悟时，看山不是山，看水不是水；禅中彻悟，看山还是山，看水还是水。"

这段话里一会儿是山是水，一会儿不是山不是水，一会儿又是山又是水，乍一看也是让人晕头转向了。但其实我们知道，这只是在表达不同的参悟认知的阶段而已。我们暂且不谈参禅的境界，而单单从认知的角度来理解一下，相信也可以给我们一些启发。

"山水"是我们认知的一个对象，我们可以把"山水"暂时替换为"好坏"的比喻。

在第一个阶段，我们通常会有自己对"好坏"的绝对认知（好是好，坏是坏）。在第二个阶段，很多时候，我们会理解"好坏"不是绝对的,而是相对的,比如你眼中的好可能是他人眼中的坏(好不是好,坏不是坏)。而在第三个阶段,你进一步认识到,我们在第一个阶段的好坏认知(绝对好坏)基于某一个时间点的现实和认知者的立场,可能确实是有其道理的,但同时第二阶段相对好坏认知也是正确而有价值的。这样我们可以有一个整合包容的认知存在了。我们可以依每个当下的状况来确定对好坏的认知。我们活在现实中,不活在简单的概念里。(在每一个当下,看山还是山,看水还是水。)

我们再来看看《传习录》里著名的那一段阳明和弟子有关善恶的讨论。

阳明的弟子薛侃在清除花间的杂草时,由于杂草很多很难去除,所以问:"天地间为何(像花这样的)善难以培养,而(像草这样的)恶难以去除呢?"阳明说:"像你那样看善恶,都是从你自己的立场出发想问题,便会错。"

薛侃不理解。

阳明:"天地间万物生生不息,像花草一样,何曾有善恶之分?你想赏花,就以花为善,以草为恶。你想用草,就以草为善。这样的善恶区别,都是由你心中的好恶而产生的。所以是错误的。"

薛侃:"那么就没有善恶的分别了吗?"

阳明:"(如果要说绝对的善恶的话)无善无恶是理之

静,有善有恶是气之动。能让气不动,就是无善无恶的状态,就是至善。"

薛侃:"既然草不是恶的,那么就不用将草去除了。"

阳明:"草如果碍事的话,你除掉它又有何妨呢?"

薛侃:"这样又是在为善为恶了吧。"

阳明:"不作好恶,并非完全没有(相对的)好恶之分,如果那样的话就成了没有知觉的人了。所谓不作,是指人的好恶要遵循天理,不夹杂丝毫的其他心意。这样,就像不曾有好恶一样。"

薛侃:"除草时怎样才能做到遵循天理,而不着他意呢?"

阳明:"草妨碍到你了,应当除去,那就除去得了。偶尔有些没有除去,也不要记在心上。如果心中有一分在意,那么心体就会被它所累,便会有许多地方被意气所动。"

薛侃:"那么善恶全然与事物无关了?"

阳明:"(我们这里说的善恶)只在你的心里。遵循天理就是善,动了意气就是恶。"

薛侃:"那么事物本身终究是没有(绝对的)善恶的?"

阳明:"在心是这样,在物也是这样。后世儒者唯独不知道这个道理,才会舍弃本心的存养而去心外追求事物,是他们把格物的学问搞错了,整天在心外寻求,最终只是做得个'义袭而取'的事情,终身做事开始时不知其然,习惯后又不知其所以然。"

这时旁边的另一个弟子孟源问:"先生说'从自己的立场出发想问题会错',可是你又说了'草妨碍到你了,你该拔掉就拔掉'。为什么又这样从自己立场出发考虑呢?"

阳明:"这需要你自己在心里仔细体察。你要除掉草,这一念生起时你生的什么心?而周茂叔不拔掉窗前的草,又是什么样的心呢?"

阳明这里定义的"善恶"和一般性的"善恶"已经不是一个意思了。一般性的"善恶"通常是从一个前提或者一个立场角度出发,所以善恶是相对的。但我们往往会自然而然从自己的立场出发认为我们是善而对方是恶,往往对方也是这样,所以这是为什么世上会有那么多的争执、冲突,甚至战争。阳明认为:对相对的"善恶",你自然还是会根据情况的不同去采取不同的行动为善去恶。

同时阳明认为:因为很多时候没有绝对的善恶好坏,所以我们没必要执着纠结。从这个角度来说,自然不纠结就是善的、好的,过于纠结就是恶的、坏的。明白了这个意思,可以让自己的修为到一个更智慧的境界。

所以对上述最后一段孟源的问题,可以这样来理解阳明的回答。

类似于"善恶"这样的概念或观念都是相对的,是我们从自己的立场出发来定义的,所以对不同的人可能有不同的善恶好坏定义。就像这杂草,无所谓善恶好坏。所以我们不要从自己的立场出发来绝对地看问题（比如把草看成"恶"），这会有利于我们更加清晰地理解他人、理解世界。但同时，我们在现实生活中会需要从自己的立场出发，根据实际的需要，做该做的事情，比如要除草，这也是很正常的，该做就做，不要纠结就好。观念或概念是有价值的，很多时候可以指导我们的生活，但是我们不要绝对地活在观念或概念里，要活在现实中。

认知整合

有我和无我，似乎看起来是矛盾对立的两面。类似的矛盾在阳明身上也经常出现。

我们前面还提到过，阳明曾回答他一个弟子上街回来称满大街都是圣人的话语是：这是正常的事，有什么奇怪的。可另一天，另外一个弟子从街上回来也说见到满大街都是圣人，阳明却怼他：你见满大街是圣人，满街人看你倒是圣人呢。这似乎又是一个矛盾的现象了。

明白了相对和绝对，我们应该就可以理解很多看起来矛盾的事物不矛盾了。或者可能是针对不同的情形和对象有不同的表现。

好比阳明所说的谦逊，对人自然应该这样。然而他也说自己有"狂者胸怀"，对别人不管不顾。这里所谓的"狂者胸怀"，只是针对对良知的坚信，不去理会别人的闲言碎语罢了。也许阳明碰上一个良知的质疑者，还是会很谦逊，但是会谦逊地表达对良知的坚信之意，而不是去应和别人的质疑。

阳明对两个弟子一样说辞的不同答复，只不过是因为两个弟子秉性各异，一个平时就锋芒太露，而另一个却是恍然而悟。于是打压一个，而肯定另一个了。

我们上面提到自我需要强大，但是我们又要谈"无我"，似乎看起来也是矛盾的。这个矛盾可以这样理解：自我需要变得更强大，有能力把事情做好；但是自我变强大之后，变得过于"自我执着"，就会出现上面我们提到的种种"自我的局限"。这时候，我们就需要强调"无我"，去除自我执着。这时候的"无我"，其实本质上也许可以帮助我们变得更加强大。

这时候我们就可以在认知上把"有我"和"无我"整合起来了。我们后面谈到的无我领导力，其实也是整合了"有我"和"无我"之后所具备的领导力。

掩卷时刻：

1. 我如何理解领导力？
2. 我现在是如何理解有关"善恶"的讨论的？
3. 我感受到的"无我"是一种怎样的感觉？

第四章
无我领导力

> 是以圣人抱一为天下式。不自见，故明；不自是，故彰；不自伐，故有功；不自矜，故长。夫唯不争，故天下莫能与之争。
>
> ——《道德经》第二十二章

第一节　一个定义

基于下面的三句话，我们可以尝试给无我领导力下一个定义。

第一句：人的本心是"无我"境界

阳明说人的本心就是天理，就是"无我"。【人心本是天然之理，精精明明，无纤介染着，只是一"无我"而已。（《传习录：一本书读懂阳明心学·黄以方录》）】

第二句:"无我"后自然具备齐家治国平天下的功力

有人曾写信给阳明提出自己的质疑:"心学弟子纵然稍微能领悟到心的本性,那也是定慧之类的无用学说,难道真能通古今、达事变,对治理天下国家有实际作用?"

阳明在回信中答复道:"抑或是糊涂的人,如果真能在万事万物上静心体察本心的天理(无我),觉悟其原本的良知,那么'虽愚必明,虽柔必强'。自我的觉悟之后,对九经之类修身齐家治国平天下的道理就可以一通百通,你还担心他没有实际功力吗?"【昏暗之士,果能随事随物精察此心之天理,以致其本然之良知,则"虽愚必明,虽柔必强"。大本立而达道行,九经之属可一以贯之而无遗矣,尚何患其无致用之实乎?(《传习录:一本书读懂阳明心学·答顾东桥书》)】

第三句:本心的无我境界是"没有自我执着"

有一次阳明的弟子陆澄问:"圣人的应变能力无穷无尽,莫非是他们预先研究谋划过?"阳明回答说:"怎么可能研究谋划那么多呢?圣人的心犹如明镜,所以能够随外界所感而应变自如,没有什么东西是不能在镜中被照出来的。但也不可能出现先前所照的物象还能留在镜子里,没有照过的物象能够预先出现在镜子中的情况。"【问:"圣人应变不穷,莫亦是预先讲求否?"先生曰:"如何讲求得许多?圣人之心如明镜,只是一个明,则随感而应,无物不

照。未有已往之形尚在，未照之形先具者"。(《传习录：一本书读懂阳明心学·陆澄录》)】

阳明还说："只怕镜子不明亮，不怕它有物而不能照。探究事物的运行变化，与用镜子照物的道理相同，学者须先有一个'明'的功夫。对学者来说，不怕不能穷尽事理的变化，只怕自己的心不能明亮如镜。"【"只怕镜不明，不怕物来不能照。讲求事变亦是照时事，然学者却须先有个明的功夫。学者惟患此心之未能明，不患事变之不能尽。"(《传习录·上篇·陆澄录》)】

我们在前面章节里提到的自我认知的局限也好，下意识反应模式也罢，这些自我的局限，往往需要跳出固有的"自我反应模式"才可能更好地被改变。而我们通过自我淬炼趋于"无我"的过程，其实质就是要去除对原来那个"自我"的执着，而能跳出"自我反应模式"的过程。通过这个过程的淬炼，让"有觉察的自我"主导自己的情绪、心智、认知等反应模式，从而日臻达到一个不一样的"无我"境界。

阳明关于"人心如明镜"的说法要表达的也是这个意思：镜子照的是每一个当下的实际情况，所以我们的内心也应该如实观照每一个当下的客观现实，而不是执着于"自我"因为以前情况而形成的观念、判断、情绪等。简单地说，就是不要执着于自我。

我们现在可以尝试先下一个定义——去除了"自我执着"后而具有的领导力，就是无我领导力。

我们已经知道，"无我"是去除了"自我执着"的结果；"无我"也是一个通过"反思觉察"（按阳明的话就是"在万事万物上静心体察本心"）的淬炼去除"自我执着"的过程。心学的核心是致良知，致良知就是要体悟到"本我（大我）"，去除原来那个对贪嗔痴种种私欲的"自我执着"。没有了自我执着，实质上，也就是彻底领悟到了自我的渺小。自我小了，世界就大了。我们因此几乎可以避免条件式情绪反应，并且可能跳出头脑中自我禁锢，从而对世界可以有更加实事求是的认知、洞察。

我们可以再来看看阳明对"无我"相关的表述。

阳明论"无我"

"无我"对应的反面可以理解为自大、自以为是、自我执着，通俗点说就是"自己太把自己当回事了"。阳明认为自大、自以为是是一个极大的毛病，许多次提出来特别警醒他的学生和弟子们。

"无我"能自谦，谦者众善之基

阳明有一次特别给弟子说：人生极易犯的一个大毛病，就是傲慢。做子女的傲慢必然会不够孝顺，做臣子的傲慢必然会不够忠诚，做父母的傲慢必然会不够慈爱，而做朋友的傲慢必然会不值得信赖。大家要常常体会这个道理。人心本来是"无我"的，干净无染，这也是天理。胸中切不可"有"，"有"就是傲慢。古往今来的圣人这么厉害，也只是做到了"无我"而已；"无我"自然能够做到谦虚。谦虚是有众善的基础，而傲慢是众恶中最大的恶。【先生曰："人生大病，只是一傲字。为子而傲必不孝，为臣而傲必不忠，为父而傲必不慈，为友而傲必不信……诸君常要体此。人心本是天然之理，精精明明，无纤介染着，只是一'无我'而已。胸中切不可'有'，'有'即傲也。古先圣人许多好处，也只是'无我'而已，'无我'自能谦。谦者众善之基，傲者众恶之魁。"（《传习录：一本书读懂阳明心学·黄以方录》）】

砍掉"自我"那个大树根，才能让庄稼长得好

阳明有个弟子叫孟源，有自以为是、贪图虚名的毛病，阳明曾多次呵责他。一天，阳明刚刚批评过他，有一个朋友陈述自己近来练功夫的详情，请阳明指正。孟源在旁边说："你现在的情况，只是捡着了我以前的家当。"

阳明说："你的病又犯了！"孟源脸色大变，想为自己辩解。

阳明说："你的病又犯了！这是你一生最大的病根。就好比方圆一丈的地里栽着这样一棵大树，雨露的滋润、土

壤的肥力，只用来滋养这树根，四周即使种上优良的谷种，上面被大树的叶子遮住阳光，下面又被大树的根盘结，庄稼怎么能生长得好呢？必须砍了这棵大树，把树根清理干净，才可以种植优良的种子。要不然的话，任凭你再耕耘培土，也只是滋养那树根。"

阳明所说的大树根，就是指那个自以为是的"自我"；而庄稼应该可以代指各种有利于我们人生成长的各种特质。自我过分膨胀，会极大影响自我的健康良性发展。这也是看似矛盾的不矛盾之处。

阳明还说：人最容易犯的大毛病是好名

阳明有一次还特别说："修习之人容易犯的一个大毛病是好名。"

弟子薛侃回应说："是的，之前我觉得自己这个毛病已经减轻了许多，但是最近仔细体察，才发现全然不是那么回事。好名仅仅是指向外与人争声名吗？只要听到赞誉就高兴，听到诋毁就郁闷，就是好名的毛病在发作。"

阳明说："十分正确。好名与务实相对，务实的心重一分，求名的心就轻一分；如果全是务实的心，就没有一丝求名的心。如果务实的心犹如饥饿要吃饭、渴了要喝水一样，哪有时间追逐名利呢？"【曰："最是。名与实对，务实之心重一分，则务名之心轻一分；全是务实之心，即全无

务名之心。若务实之心如饥之求食、渴之求饮，安得更有功夫好名！"（《传习录：一本书读懂阳明心学·陆澄录》）】

看似好名是人们有上进心的表现。所谓的荣誉感，还常常可以成为我们激励别人的招数。适当地追求荣誉感自然无可厚非，但我们过分"喜好"荣誉名声的背后，未尝不是"小我"的"贪欲"之心存在。你过度喜欢的东西，很可能后面就是掣肘你的东西。

喜欢指责别人也是应该克制的私欲

阳明还提到：过于自大、喜欢指责别人的行为其实也都是应该克制的私欲。

一位朋友经常容易生气并指责别人，阳明提醒他说："做学问须反省自己。若只是指责别人，就会只见别人不对，而不见自己的错误。若能反省自己，才能看到自己许多不足，哪有时间去指责别人？舜能感化象的倨傲，其秘诀就是不去看象的缺点。如果舜只纠正象的奸恶，就会看到象的许多错处。而象又是一个倨傲、不肯低头的人，舜怎么能感化他呢？"

这个朋友既感动又后悔。

阳明说："你今后不要去引论别人的是非，每当想要指责别人的时候，就把它当作一件大私欲克制住，这样才行。"阳明又说："朋友之间辩论问难，难免有人显得浅近粗疏，有人想展露才华以显示自己，这都是毛病发作。应当根据具体的病对症下药即可，不能怀有鄙薄之心。这不是君子与人为善的心。"【曰："你今后只不要去论人之是非，凡当责辨人时，就把做一件大己私克去，方可。"先生曰："凡朋友问难，纵有浅近粗疏，或露才扬己，皆是病发。当因其病而药之可也，不可便怀鄙薄之心，非君子与人为善之心矣。"（《传习录：一本书读懂阳明心学·黄修易录》）】

"无我"似"大地"般包容一切

有一次阳明的一个弟子王德洪说："现在要鉴别一个人的高下最容易。"阳明问："何以见得？"德洪说："先生您好比眼前的泰山，那些不知道敬仰的，肯定都是没眼睛的人。"阳明说："泰山不及平地广阔，但你又能看到平地什么呢？"阳明一语点破自大之病，使得在座的人无不有所警悟。【洪又言今日要见人品高下最易。先生曰："何以见之？"对曰："先生譬如泰山在前，有不知仰者，须是无目人。"先生曰："泰山不如平地大，平地有何可见？"先生一言剪裁，剖破终年为外好高之病，在座者莫不悚惧。（《传习录：一本书读懂阳明心学·钱德洪录》）】

当然，真正觉悟到自己的渺小而能去除"自我执着"并不容易。"谦虚使人进步，骄傲使人落后"的箴言人人耳熟能详,其实正是因为其不易做到才会时时需要有外面的口号来提醒。大多时候,谦虚的表现是我们应对社会礼仪交往的应有之道,而自大和骄傲往往隐藏在内心,不以为然在种种不经意的微笑中若隐若现。尤其如果关系到"自我"的得失荣辱,那更常常会是"得则欣然而喜,失则恼羞成怒"。虽然不容易,但是真正做到"无我"之后,带给我们的价值却足够大。

同时,我们还需要了解具体有效的方法去"致良知"并找到"大我",然后可以使得去除"自我执着"变成一件自然而然的事情。这个具体的方法,我们后面再细细道来。

第二节 两大特征

"用兵何术,但学问纯笃,养得此心不动,乃术尔,凡人智能相去不甚远,胜负之决,不待卜诸临阵,只在此心动与不动之间。"(《征宸濠反间遗事》钱德洪按语,《全书》三十八,第540页)

"良知即是易,其为道也屡迁,变动不居,周流六虚,上下无常,刚柔相易,不可为典要,惟变所适。"(《传习录·下卷·黄以方录》)

这两段文字概括了无我领导力的两大特征——此心不动、因时制宜。我们用一个逻辑关系把两者关联起来:因为"此心不动",所以可以"因时制宜"。

我们先来翻译、解读一下。

对"此心不动",阳明说:用兵最核心的术是什么?通过淬炼达到"此心不动"的状态就是术。一般人的智商和能力相差都不多,胜负之决,只在临阵对决之时,此心动与不动之间的差别了。

对"因时制宜",阳明说:良知就是《周易》里所说的"易","易"的法则是事物无时无刻不在变化,这种变化没有什么规律;面对这种情况,人也只能随时调整改变才能适应应对。这里面提到的"惟变所适",也就是"因时制宜"。对这段话,阳明还特别补充说:

"某于此良知之说,从百死千难中得来,不得已与人一口说尽。只恐学者得之容易,把作一种光景玩弄,不实落用功,负此知耳。"(《王阳明全集·卷三十三·年谱二》)

此心不动

> 心不摇于死生之变,气不夺于宠辱利害之交,则四者之胜败自然洞见。
>
> ——(宋)秦观《兵法》
>
> 领导人必须培育孟子所说的"不动心",以形成明晰的愿景。他们必须有诚信,才能因此而建构服务于更为远大目标的真诚协作。
>
> ——彼得·圣吉《第五项修炼》

第四章　无我领导力

经过前面解悟和证悟阶段的淬炼，我们应该可以期望近乎接近"不动心"的境界。"不动心"包括了很多丰富的内容：出现变故不害怕；遇见挫折不沮丧；身处险境不惊慌；面对羞辱不生气；有好事情淡然处之。而且这个淡然处之不是装的，而是真的觉得很平常，没什么大不了的。"不动心"是我们看到"无我领导力"的最核心特征。

王阳明"不动心"的功力，在其平定宁王之乱的战事中体现得淋漓尽致。让我们先来看看下面的故事。

平叛战事

> 破山中贼易，破心中贼难。　　——王阳明

每当说到王阳明辉煌灿烂、立功立德立言的一生时，不可不提的是这一场平叛的战事。

公元1519年，王阳明47岁，之前一年刚大获全胜完成粤闽赣湘交界山区的剿匪任务，被朝廷晋升为正三品官员，正式跨入相当于今天的副部级干部之列。不过阳明似乎更青睐讲学和修学，何况家中老人年事渐高，自己本不太强壮的身体也日见衰弱，于是数次上奏婉辞官职，要求告老还乡，又数次被朝廷驳回。

是年五月，圣旨再次驳回阳明请退奏章，并下令阳明去福建善后处置军人骚乱，阳明不得不从命，于是携家眷

从赣州驻地起身，拟取道浙江赴闽，中途可以顺路回一趟浙江余姚老家，探视卧病在家的老父亲。

江西南昌是宁王朱宸濠封地，宁王曾祖父朱权是朱元璋第17个儿子，当年和朱元璋另外一个儿子朱棣一起出兵夺下侄儿建文帝的江山，然后被朱棣打发到南昌封为宁王。到了正德年间，皇上朱厚照耽于玩乐而懒于朝政，朱宸濠在南昌蠢蠢欲动垂涎皇位，不过虽然其图谋颇久，已经网罗了一帮文人武将，底下也积蓄起数万兵力，种种蛛丝马迹早已露出，但朝廷里许多皇帝周边的人都被宁王打点好了，以至于正德皇帝一直茫然不知，直到这一年的五月，又收到举报奏疏才发现不对。于是5月24日派出驸马等一干人等，前往南昌核查处置。不过正德似乎并没有真正了解问题的严重性，这次出行，也只是治病救人尽量挽救的考虑，然后消息传到南昌，却把宁王吓着了，以为阴谋败露，并进而决定仓促起事。

6月13日是宁王的生日，这一天按照惯例，南昌当地的各级朝廷官员到宁王府拜寿参加生日宴席。宁王乘此机会在当日伪造收到太后密旨，并斩杀不愿同流合污的官员，裹挟其余人等悍然起兵。

6月15日中午，阳明准备去浙江、福建的船途经南昌，到达下属丰都县境内，方得知宁王谋反的事情。因为地方政府的主要官员都已经身陷宁王囹圄，各地一片慌乱，赣江两边全都是逃难的人。丰都县也人心惶惶。阳明闻听到消息也是当下心中一惊,不过很快又镇定下来,叫来丰都知县令,交代下去最关键是要去摸清情况,稳定人心。自己则掉转船头,回南赣调集兵力应对。

回去是逆水,这时大船岸边拉船的纤夫都已经闻风逃散,阳明临机处置,叫人带家眷上岸疏散,自己只带几个随从,找了一艘小船连夜往南回撤。

王阳明这时的判断是:对宁王来说,上策是乘虚而出,偷袭北京;中策是顺流东下,直取南京;而固守南昌则是下策。所以反过来说,如果把宁王拖在南昌,就是给朝廷更多的时间在得知消息后组织防守北京和南京,乃至派兵平叛。而阳明手中并没有太多现成的兵马可以马上出战,拖住宁王。这时候,阳明不慌不忙地开始了一连串眼花缭乱的运作。

他先是制造虚虚实实的真假消息扰乱宁王的判断。他亲自"创造"若干封军令,声称几十万各路兵马已经统一调度在平叛的路上。在军令上指示称:如果宁王坚守南昌不出则对朝廷大为不利,一定要诱使叛军出城。又有若干书信给宁王的主要幕僚,看起来幕僚都已经和朝廷在暗通款曲。这些"军令"信件均安排人送出,然后"不小心"被叛军擒获后送到宁王手上。结果宁王在南昌城内犹豫不决,拖了半个多月才按早就定好的策略往南京方向进发。

接着阳明以最快速度联络召集各地剩余地方官员,以之前朝廷任命阳明南赣剿匪职务的圣旨来确定阳明的指挥地位，发布平叛公告，强调首恶严惩，胁从不究，以稳定军心人心，并瓦解叛军军心。

然后，他集结起兵力3万余人，亲自调度分成13个部分统筹指挥。亲自部署、参加召开动员大会，处决已经擒获的叛贼示威，发布重金奖励规则激励，严申畏缩逃跑惩戒条例警示。

7月20日，叛军主力还在攻打安庆，阳明军队开始围攻南昌，进攻势如破竹，翌日即破。21日，宁王不顾幕僚建议直接前进攻击南京的建议，回救南昌。26日，阳明军在江上大败叛军，生擒宁王。至28日，继续追杀叛军，叛军10万余人基本被消灭或作鸟兽散。

7月30日，阳明向北京朝廷发出平叛捷报。而朝廷刚刚在之前的7月13日接到宁王叛乱的消息，7月16日正德皇帝自封大将军准备出兵平叛，一直拖到8月22日，军队才晃晃悠悠出发。

阳明干净利落地平定了宁王的叛乱，由于过于干脆，让人觉得这似乎是一个本身就很容易的事情。但实际上过程同样惊心动魄，叛军除了斩杀羁押官员，也很快出兵攻克了附近的九江等城市。而且叛军兵力数倍于阳明军，阳明也是做好了两手准备，甚至第一时间就打发人回浙江老家通报家人做应对。同时，阳明也坦率对弟子邹守益说：我们该做什么就做什么，尽心尽力，至于成败，就交给天地神灵。而且以当时王朝的现状，如果没有阳明力挽狂澜，凭皇帝 8 月 22 日才出发的节奏，叛军攻占南京应该是个大概率事件，后面的发展还真不好说。皇帝自然也清楚，事后随即晋升阳明为巡察江西的正二品官员，算是正式晋升为正部级的地方大员。

平叛后并不都是莺歌燕舞。皇帝派出的军队还是到了南昌，大肆捕捉所谓的嫌犯，甚至把阳明之前为应付宁王派给其讲学的弟子冀元亨也抓了起来，还有谣言说阳明也有勾结叛军的嫌疑，阳明要见皇帝也被阻拦而不得。阳明见招拆招，都一一平稳化解。翌年皇帝驾崩，新朝再晋升阳明为兵部尚书参赞机务（类似于今天的国防部长级别）。

这场平叛的卓越战功，只是阳明在历经百死千难彻悟心学之后，自然而然功力呈现的结果。

不动心

在阳明从京城被派到南赣剿匪之前，就有朝中同僚预言："阳明此行，必立事功。"并解释这个断言的原因是阳明已经到了心触之不动的境界了。【王思舆语季本曰："阳明此行，必立事功。"本曰："何以知之？"曰："吾触之不动矣。"（《王阳明全集·卷三十二·年谱一》）】

叛乱刚发生时，江西各地的官员都已经惊慌失措，朝廷又天高地远指望不上，如果没有阳明的坐镇指挥，不可能组织起有效的反击。阳明气定神闲，头脑清楚，不慌不乱而又行动果断，为解决叛乱开了个好头。

平叛过程中的一个情节可以最好地体现阳明的不动心。阳明带兵攻入叛军的大本营南昌后，部队在前方和叛匪鏖战，而阳明在城中每天到都察院办公，没事的时候仍照常和一帮朋友、学生探讨学问。有一天，急报前方军情紧急，将领伍文定的战船着火，脸上胡须都被燎着。阳明站起来去旁边一一安排应对后，又回去继续和朋友、学生论学。大家已经觉得很恐怖，被吓得不轻，担心地问阳明情况。阳明说：这是兵家常事，不足介意。又过了几日，前方传来捷报，叛匪头目宁王已经被擒，阳明问清了状况，布置了行赏安排，又回去继续论学。大家听说有好消息都很高兴，又询问详情。阳明说：宁王抓住了。言语之间，表情神色和之前没什么不同。旁边的朋友、学生都不得不服其定力。【先生入城，日坐都察院，开中门，令可见前后。对士友论学不辍。报至，即登堂遣之。有言伍焚须状，暂如侧席，遣牌斩之。还坐，众咸色怖惊问。先生曰："适闻对敌小却，此兵家常事，不足介意。"后闻濠已擒，问故行赏讫，还坐，咸色喜惊问。先生曰："适闻宁王已擒，想不伪，但伤死者众耳。"理前语如常。傍观者服其学。(《王阳明全集·卷三十三·年谱二》)】

而成功平叛之后，阳明的应对则更加令人赞叹了。按说立了如此惊天之功，抓住了叛匪宁王之后，功臣王阳明就应该等着封官进爵了。可不幸的是，阳明碰上的是个让人啼笑皆非的皇上带着一帮不靠谱的内官。且不说没有论功行赏,皇帝为了过瘾,自封大将军还是要带兵出征。京城来的军队到了南昌城,或者嘴上骂骂咧咧,或者路上挑衅滋事。阳明对此均不为所动,反而以礼相待。【先生既还南昌,北军肆坐慢骂,或故冲道起衅。先生一不为动,务待以礼。(《王阳明全集·卷三十三·年谱二》)】还传示内外,要求以主人对待客人的礼节对待京城军队同僚。碰上京城军队有人去世,还亲自过问抚恤。时间一久,京城军队都为之折服。【乃传示内外,谕北军离家苦楚,居民当敦主客礼。每出,遇北军丧,必停车问故,厚与之槥,嗟叹乃去。久之,北军咸服。(《王阳明全集·卷三十三·年谱二》)】

对这一段经历,陈来先生在其专著《有无之境》中有很好的说明和总结:"擒濠之后的阳明,他的盖世之功非但未得任何肯定与奖励,反而遭到内官在君前的恶毒诋毁,在'暗结宸濠''目无君上''必反'等被罗织的六大罪名之下,阳明处于'君疑'的处境,随时有杀身灭门之祸,这可以说是封建时代士大夫所遭遇到的最险恶的人生处境。面对如此危如累卵的艰险处境,阳明之所以能处变不惊,历险而夷,是和他作为一个哲学家的精神性的成熟稳定不可分的。"

阳明的不动心之功力,其实并不是一朝一夕养成的,早在21岁第一次参加朝廷会试落榜时,同住的室友因为没有金榜题名而感到耻辱。阳明说:"世上之人都以没考上为耻,我以没考上动心了为耻。"【同舍有以不第为耻者,先生慰之曰:"世以不得第为耻,吾以不得第动心为耻。"(《王阳明全集·卷三十三·年谱一》)】

阳明37岁被朝廷流放到贵州龙场前,自己感觉"得失荣辱"都已能超脱,但是唯有生死一念还不能看透。到了当时的蛮荒之地龙场后,处困养静,终于在一个夜里忽然觉悟"圣人之道,吾性自足"。自此跃升到不动心的更高境界。

因时制宜

领导力是一种行动,那么何时该采取怎样具体的行动呢?答案是:看着办。因为环境在变,前提在变,自己也在变。所以我们随时需要根据变化因时制宜。这是为什么会有诸多矛盾的现象。能够因时制宜,纯熟地把握这种矛盾,也是领导力的核心功力之一。因时制宜的反面是执着僵化,一旦执着僵化,领导力也就无从谈起了。

应对问题时,需要清晰的洞察、准确的决策和有效的行动。某种程度上,洞察是基础。对当下客观事实的洞察把握,是后续策略和行动的前提。

这种如实的洞察包括对"事"的洞察,也包括对"人"的洞察。这种洞察既要对外面的"敌""友""环境"的洞察,也包括对内的自己(个人或组织内部)的洞察。在做到不动心之后，我们已经近乎抛掉了对自我的执着。没有了这种执着，我们就可以不被自己头脑中的情绪、观念、假设、成见、判断所影响，一切依每个当下的客观而行。客观是经常变化的，不绝对的，所以我们也就可以近乎做到不绝对。在这个基础上，支撑我们作出准确决策和有效行动，做到"因时制宜"。

阳明对"因时制宜"与弟子曾有过探讨。阳明的学生乾有一次向阳明请教孟子"执中无权犹执一"的含义。阳明说："中庸就是天理，就是易，本身就是要因时而变的原则，怎么能不变地执着于它呢？中庸是要因时制宜，很难事先确定一个标准。像那些后世儒者，想要把道理阐述得完美无缺，确定个固定的模式，这恰恰是绝对执着，不是中庸的原则了。"【惟乾问孟子言"执中无权犹执一"。先生曰："中只是天理，只是易，随时变易，如何执得？须是因时制宜，难预先定一个规矩在。如后世儒者，要将道理一一说得无罅漏，立定个格式，此正是执一。"（《传习录：一本书读懂阳明心学·陆澄录》）】

这种不执着、不绝对孔子也有论及。有一次阳明的弟子陆澄问："孔子与弟子谈论志向，子由和冉求想从政，公西赤想从事礼乐，这多少都有实际用处。而曾皙说的，似乎是游玩一类的事情，孔子反而赞许他，这是什么意思呢?"【问:"孔门言志,由、求任政事,公西赤任礼乐,多少实用!及曾皙说来,却似耍的事,圣人却许他,是意何如?"(《传习录:一本书读懂阳明心学·陆澄录》)】

阳明说:"其他三个人的志向都有点主观猜测、武断绝对,心中有了这两种倾向,就会偏执一边,能做这种事却未必能做那种事。而曾皙的志向没有这两种倾向,有'君子不器'的意思,就像《中庸》里所说的那样,'安于现在的地位、条件而行事,不做超出自己地位、条件的事。身在夷狄,就做在夷狄能行的事;身处患难,就做在患难中能行的事。随着时间和条件的改变而改变自己,这样到任何地方都能怡然自得'。其他三人是孔子所说的那种'汝器也'的人,曾皙是孔子所说的'不器'的人。然而其他三人已经各有自己的突出才能,不像世间那些只会空谈而没有实际本领的人,因此孔子也赞许他们。"【曰:"三子是有意必,有意必便偏着一边,能此未必能彼。曾点这意思却无意必,便是'素其位而行,不愿乎其外,素夷狄行乎夷狄,素患难行乎患难,无入而不自得矣'。三子所谓'汝器也',曾点便有'不器'意。然三子之才,各卓然成章,非若世之空言无实者,故夫子亦皆许之。(《传习录:一本书读懂阳明心学·陆澄录》)】

需要补充说明的一点是,我们说无我领导力的两大特征为此心不动、因时制宜,但是并不是说领导力时时都能在这个境界中。他们可能一样会有痛苦、绝望的心烦意乱，也会犯胡思乱动的错误。只是他们因为有了自我觉察，可以有自我调整的能力，大体上能让自己不至于离这两个原则太远。

为什么不是"良知领导力"？

如前面我们所定义的，无我领导力是"去除自我执着后所具备的领导力"，而阳明心学"致良知"可以让我们"去除自我执着"。那为什么我们不索性直接把其定义为"良知领导力"呢？这里主要的考虑包括下面一些原因：

第一，"良知"是一个所有人都耳熟能详的词语。如果用这样一个定义，那么每个人都会有先入为主的概念认定，这不利于大家真正了解我们想表达的实质内涵。

第二，能做到"无我"是觉悟良知后的一个必然结果。强调"无我"有利于大家更好地理解我们想表达的重点。

第三，无我领导力的定义，也是为了更为凸显"无小我"和"有大我"这种矛盾。理解矛盾是领导力的核心智慧。因为世界是充满矛盾的，我们需要因时制宜，自然就会有看似矛盾的行为表象。理解了这一点，也几乎理解了致良知，理解了天理，理解了"易"。

第四，心学淬炼并不是成就"无我领导力"的唯一路径。就好比说心学淬炼并不是淬炼心力的唯一路径一样。本质上，人生的挫折和磨难是淬炼我们心力的根本。两千多年前，孟子就说：天将降大任于斯人也，必先苦其心志，劳其筋骨，行拂乱其所为，然后动心忍性，曾益其所不能。阳明也是因为流放当时的蛮夷之地才能彻悟心学。只是在接受生活磨砺的同时，心学的淬炼之法，应该成为可以让我们更为快捷有效提升内在功力的通道之一了。

同时，阳明心学更强调的是"致"良知，良知人人有，但是并不是人人都能"致"（觉悟）。所以，从这个角度上，我们通过"无我""去除自我执着"的表述更要强调的是行动，是"致良知而无小我"的行动。

第三节　处理好三种关系

> 要讨论领导力，我们必须认识到领导力的基本问题和人生的基本问题没有什么不同。
>
> ——詹姆斯·马奇

我们定义领导力是"带人成事的行动"。

如何能更好地"成事"？我们需要洞悉做事的逻辑。在做事的过程中遇到问题时，要了解问题的根本原因，然后可以有针对性地予以解决。这里我们提到的作为领导者要处理的事情，通常并不是指一个简单的事情（比如安排举办一个会议），而是指更为系统、复杂的问题（比如如何实现公司业务的更高速增长）。此类问题之所以复杂，是因为其处于一个现实的复杂世界（系统）中，能"成事"的影响因素复杂而动态。如何可以做到抽丝剥茧地洞察本质,这个并不是一个容易的任务。我们可以把这个任务称之为:如何处理好和"世界(系统)"的关系。

如何能更好地"带人"?这个涉及如何处理好和"他人"的关系的问题。

带人也好,成事也罢,都需要落实到"我"的身上,这个"我"需要有足够的功力来"带人成事"。所以,从根本上我们需要处理好和"自我"的关系。

当我们具备了无我领导力,而能够此心不动、因时制宜之后,我们就可能更好地处理好这三种关系。

和世界(系统)的关系

> (人类)对自己、对自己的思想和感觉的体验,好像是与其余的世界相分离的。这其实是我们意识中的一种光学幻想。这种幻想错觉对我们来说就是一种囚禁,它把我们局限在个人的欲望里。
>
> ——阿尔伯特·爱因斯坦

经典两问

在谈如何更好处理与世界(系统)的关系时,我们要回答的问题可能是:

我们与世界（系统）之间应该是一个什么样的关系？

我们如何能够更透彻地去看待和理解这个世界？当我们遇到问题时，如何去找到系统中问题最根本的原因？

在回答这两个问题之前，我们先通过对"乌卡"这个词的解读来理解一下当今现实世界的复杂程度。

"乌卡时代"

"乌卡（VUCA）"一词来自著名领导力学者沃伦·本尼斯和伯特·那努斯的理论，是 Volatile、Uncertainty、Complexity 和 Ambiguity 四个词的缩写。我们借"乌卡"来描述我们现在所处的世界（系统）的这四个特征：易变性、不确定性、复杂性以及模糊性。

这样的四个词语，乍一看理解起来有点抽象。通常情况下我们可能需要更长的时间维度、更高的站位视角、更深的探究思考才能够领会这些特点，平时我们难得有一个直观具体的场景来诠释。而 2022 年 3 月至 6 月间导致上海全城静默的疫情场景（以下把这段时间的场景简称"上海疫情"）恰恰是个特例，它以一种更浓缩、更直观、更紧凑的形式放在了我们的面前。尝试用这个场景来帮助我们更好地理解"乌卡时代"的四个特点。

1. 易变性

易变性是从时间线上看事情。

第四章 无我领导力

任何事情都是随着时间的流逝在变化的。世界上唯一不变的只有变化。中国传统文化"六经之首"的《易经》，其核心也在一个"变"。

易变性是 VUCA 社会特点的根本。正因为一切都随时在变化，所以才会有不确定，有复杂和模糊的特征。

从上海疫情来讲，"病毒传播太快"导致局势在随时变化。病毒太狡猾，病毒本身在变化，在病毒从传染不是那么夸张的类型演变成传染性更强的奥密克戎之后，上海之前成为口碑的精准防控模式也失效了。因为病毒太狡猾，病毒的传播形势也随时在变化。所以上海的防控政策也不得不跟着变化。比如一开始宣布浦东浦西鸳鸯锅封控四天，后续却演变成漫长的两个多月。不是因为人不聪明，而是因为形势变了，所以我们当然不得不变。

2. 不确定性

不确定性一方面是"易变性"带来的结果；同时，不确定还是因为我们不仅要面对时间的变量，还有空间的变量。因为事情易变，所以我们对未来的状况是不确定的；因为事情易变，所以在某一个时间节点上，我们可能对当下时刻不同方面、不同层面的状况是不确定的。

在这次上海疫情的防控中，有太多的不确定性。病毒本身有些特点也具有不确定性（例如专家不得不用"间歇性排毒"的新说法来解释之前不能解释的现象）。病毒太狡猾导致传播形势的不确定是一种；病毒严重性导致潜在的人道主义危害的不确定也是一种；诸多管控措施，也还要面对不同地方的基层执行是否到位的不确定，以及不同市民的承受度和配合度的不确定性。比如之前说的感染者"应转尽转"的要求，实际上抑或由于暂时没有隔离的地方，抑或由于感染者拒不配合，导致实际上很多居民区存在应隔离者在一定时间滞留家里的情况。这种不确定是疫情防控必须面对的客观实际。

这种不确定的特性，导致了防疫效果的不确定。以至于导致上海封控的效果一直低于预期，最后延长到一开始没有设想到的两个多月的时间。

3. 复杂性

复杂性一方面是易变性和不确定性导致的；另一方面复杂性也是因为"系统的"复杂性导致的。

一切都在变，都不确定，所以会复杂。同时，整个社会（系统）是相互关联的，A因素可能影响B因素，B因素可能影响C因素，C因素反过来又会影响A因素，等等。因为这种特点，系统会变得更复杂。

这次上海的疫情，因为上面提到的易变性和不确定性，使得整个疫情封控变成了一件相对复杂的事情。同时，因为严格封控的复杂性，导致并没有能够一下子把疫情迅速控制住，于是只能更加严格地封控。而随着封控时间日益变长，宏观层面经济受影响越来越大，微观层面普通人工作、收入、生计乃至心理情绪也受到越来越大影响。而这些影响变化都可能会掣肘抗疫持续的推动，导致复杂程度日益变大。这个时候，相关的决策也就会根据系统的复杂性而有相关的优化调整。

这种优化调整不代表之前的不对，而恰恰可能是体现了管理者因时而变的智慧。

4. 模糊性

模糊性一方面是由现实的复杂性导致的；另一方面还可能因为我们认知能力的欠缺，我们的认识也必然是模糊的，我们大多数情况下也不得不做出模糊以至并不绝对有把握的判断。

因为其易变、不确定和复杂，所以我们没有办法有一个"清晰的、绝对不模糊的"视野和判断。

我们来深刻认识乌卡时代的特点，是希望我们能够以一个更加理性的眼光去看待我们现实的这个"易变、不确定、复杂和模糊"的世界，可以让我们努力在现实中做出更加准确的判断，从而为我们自己的很多决定奠定更好的基础。

这种能力的提升，相信尤其对我们的商业活动，应该会有更大的价值。

阳明论"和世界的关系"

我们来看看阳明是如何回答我们本篇提出的第一个问题的，即我们和世界（系统）之间应该是一个什么样的关系？阳明说：致良知后，"天地万物为一体"。

物我一体

阳明认为"天地万物为一体"，关于这个问题，阳明在其著名的《大学问》一文中有过详细的描述。

阳明说：儒家经典《大学》是大人之学。大人就是以天地万物为一体的人。大人能以天地万物为一体，不是刻意这样，而是心之仁（良知）本来就是与天地万物合一的。同时，所谓大人、小人的分别说法，不是说人要分成这两类。领悟了良知的是大人，暂时没有领悟良知的是所谓"小人"。人人都有良知，小人领悟之后也就变成了所谓的"大人"。【明子曰："大人者，以天地万物为一体者也，其视天下犹一家，中国犹一人焉。若夫间形骸而分尔我者，小人矣。大人之能以天地万物为一体也，非意之也，其心之仁本若是，其与天地万物而为一也。岂惟大人，虽小人之心亦莫不然，彼顾自小之耳。（王阳明《王阳明全集·卷二十六·续编一》）】

不怨天，不尤人

> 所有面临的问题，都是自己造成的。　　——宁高宁

关于领悟了良知，能够有万物一体的体悟之后，会有什么样的境界，阳明有过说明。有一次在回复一个弟子的

问题时,阳明说:"仁者会自然感悟到与'天地万物一体'的体会,如果还没有那种体会,是因为没有到去除私欲而致良知的境界。当你有万物一体的体悟后,我们就会理解'在邦无怨,在家无怨'这样说法的意思,在哪里我们都不会抱怨,就像我们常说的'不怨天,不尤人'一样。"【先生曰:"仁者以万物为一体,不能一体,只是己私未忘。全得仁体,则天下皆归于吾仁,就是'八荒皆在我闼'意,天下皆与,其仁亦在其中。如'在邦无怨,在家无怨',亦只是自家不怨,如'不怨天,不尤人'之意。"(《传习录:一本书读懂阳明心学·钱德洪录》)】

这里提到的"仁",也就是"良知"的另外一个说法。这种不怨天、不尤人,本质上就是一种自我担当,这也是我们要做任何事情的时候,一种最为核心重要的特征。

体悟到"物我合一","我"不是孤立的,"我"是整个有机系统的一部分。你就应该明白宁高宁所说的"所有面临的问题,都是自己造成的"。既然问题是我们自己造成的,所以我们可能就会少一些怨恨,多一些担当。所以我们会理解"你变了,世界(系统)就变了"的道理。这种"变",一方面可能是你看待系统的心态变了,心态变了后,也许有些问题就已经不是问题了;另一方面可能是因为你的改变,系统受到影响,真的改变了,于是问题解决了。

系统思考

彼得·圣吉认为"系统思考"是"洞察复杂现实世界系统中各种问题的根本原因"的一项关键修炼。

彼得·圣吉提到:"今天,系统思考比以往任何时候都更重要,因为我们所面对的复杂局面对我们的压力越来越大。"(《第五项修炼·系统思考》)

他还说:"有一点可以肯定,那就是复杂性的规模是前所未有的。我们周围到处都是'系统性故障'的例子。"(《第五项修炼·系统思考》)如果不具备系统思考的能力,则很多复杂的事情我们就将很难应对和处理。

更进一步理解:系统思考是什么?系统思考不仅是全面地、动态地、深入地看待我们所处的世界(系统),也不仅是了解外部系统中发生的事情之间并不简单的线性的因果关系,而可能是相互影响的循环(我们常说的良性循环或者恶性循环),这些都是系统思考的特性。而最根本的是彼得·圣吉说:系统思考最核心的是"心灵的转变"。何谓"心灵的转变"?其本质就是找到"大我",就是我们前面已经提到的:"从把自己看成与世界相互分立,转变为与世界相互联系;从把问题看成由'外部的'其他人或其他因素造成的,转变为认清我们自己的行动如何导致我们面对的问题。"

这也近乎回答了"我们和世界是个什么样关系"的问题。

关于包括商业企业在内的各种机构从组织的层面如何应对复杂局面,彼得·圣吉提出"学习型组织"的概念。那么何谓"学习型组织"?其英文原文是"Learning Organization",可理解成是"持续进行学习以具备随需应变能力的组织"。学习是手段,组织能随需应变是目的。对组织而言,这很重要;对个人而言,这种随需应变的能力也何尝不是非常重要。

为什么需要随需应变?因为现实世界随时在变,市场随时在变,客户随时在变,所以企业也需要随需应变,这样企业才能确保持续满足市场和客户的需求,从而获得所希望的商业回报。

洞察随需应变的"需"是企业能"应变"的基础。大多数时候,我们不能很好地解决问题,是因为没有找到这个"需",没有看到问题的根本。

学习型组织和系统思考的关系是什么?企业组织的团队只有具备了系统思考的能力,才可能做到洞察随时变化的客观现实,从而找到那个"需",做到随"需"应变。系统思考是帮助我们洞察客观现实和找到现实中存在问题的根本原因的手段。

和他人的关系

> 建立并维持信任的能力是领导力的核心。
> ——沃伦·本尼斯《领导者》

经典一问

我们来谈如何更好地处理和他人的关系，需要回答的问题可能是：我们如何具备对他人更大的影响力和领导力？

领导力核心是所谓"带人"，即要影响人、驱动人。带人的境界有四重：第一重是靠人驱动，第二重是靠制度驱动，第三重是靠文化驱动，第四重是靠员工自我驱动。这四重并不是互斥关系，很多时候都是并用的，并且相互之间有相关性。我们为了更好理解，将其分开说明。

靠人驱动是基础。没有成熟的制度和文化的时候，靠人驱动可能是主要的驱动力。领导者需要"无我"，谦以待人，以身作则，战斗打响的时候，冲在前面对大家说："跟我上！"这尤其在很多创业公司是常见的场景。而在诸如华为等有规模的大公司中，团队领导者的日常互动也是员工理解制度文化的最好示范。同时，团队管理者驱动不好，还可能成为反面因素，我们都知道，一个员工要离开公司，最主要的原因可能是其直接领导的原因导致的。

靠制度驱动是关键。优秀的企业"不让'雷锋'吃亏""以奋斗者为本"是落实在制度上的。"雷锋"们和奋斗者可以更好更快地晋升，大家于是都争先恐后地争当"雷锋"和奋斗者。同时反过来说，"不以人为本"，意味着通过制度管理，会让落后者有生存危机，进而驱动大家要成为奋斗者。在制度流程面前，大家都需要"小我"靠法治，而不是靠人治保障公司的有效运行。

文化驱动是核心。大家从骨子里认同这种文化价值观后，把其作为日常行事或者制定制度的依据原则。制度往往是落后于现实的，而且制度也不可能完全覆盖事情的细微之处。这时候，我们日常的工作判断和选择就要靠文化价值观来指引。就好像社会中法律自然是底线，是不可逾越的，但是法律也靠道德来补位，也许有些事法律不管，但是道德约束会让我们成为更加合格的社会公民。

文化驱动和制度驱动是在战斗打响的时候，号召团队"给我上"，而通过领导力的影响能够使得"个人自发的自我驱动"是"我要上"。可以说前三个驱动因素都是希望指向"自我驱动"。从"跟我上""给我上"到"我要上"，才会更彻底、更充分地发挥员工战斗力。员工的"小我"被充分激励，同时又摒弃了不必要的"自我中心"，员工处于一个恰如其分的有效状态，最终能够为公司贡献更大的价值。

很多领导力的理论和书籍都是在重点讲述"如何影响人、驱动人"这一部分的内容。

约翰·C.麦克斯韦尔曾担任过斯坦福大学校长多年,也是一位成功创办过自己企业的企业家。他在其畅销的《领导力21法则》一书中,花了众多的篇幅介绍如何做到这一点。比如"信任是领导力的根基所在""领导者深知:得人之前必先得其心""人们先接纳领导者,然后接纳他描绘的愿景"等。这些法则通俗易懂且有价值,虽然要真正做到并不容易。

还有很多其他知名的领导力学者都有过相关的论述。

被《福布斯》杂志称为"领导学大师们的院长"的沃伦·本尼斯,是第一个提出"领导者做正确的事,管理者正确地做事"的学者,他认为:领导力是一种人际关系。他在研究了90名美国领导者之后写成的《领导者》一书中,提出了领导者的四项策略,其中三项都是和"如何影响他人"有关的(还有一项是我们后面会提到的"管理自己")。他认为:第一项策略是通过愿景管理注意力,即通过强有力的愿景让人们愿意跟随你。第二项策略是通过沟通管理意义。领导者要善于沟通,通过有效的沟通把事情的意义传递给跟随者,从而具备更好的影响力。第三项策略是要坚持不懈、言行一致地努力管理信任。跟随者跟随的是领导者这个人,领导者需要说到做到,才会最大限度地获得对方的信任。我的理解是,本质上这三项策略都是要去影响人，去获得人们的信任。第一点是让大家相信未来，第二点是让大家相信现在在做的事情（的意义），第三点是相信领导者这个人。

在这本《领导者》出版近二十年后，本尼斯总结了该书最有用的五点思想，除第一点"对领导和管理的区分"外，其他四点，包括"授权、愿景、信任、对意义的管理"，都与如何处理和他人的关系相关。

另外一位知名的领导力学者吉姆·库泽斯在他和波斯纳合著的《领导力》一书中，也是直接强调：领导力是一种关系。"领导是那些渴望领导的人和那些选择追随的人之间的一种关系"，他们同时总结说：可信度是领导力的基石。而且库泽斯还说：也许领导力是检验受欢迎程度的比赛。这一点的表达，前"易到租车"的创始人周航在《重新理解创业》一书中的一段话，也是类似的意思。关于什么是领导力，周航说："我后来思考的答案是：你只能领导你喜欢的人，你能喜欢多少人决定了你领导力的边界。你可以谁都不喜欢，甚至连你自己都不喜欢，但这意味着你连自己都领导不了。所以，当你对一个人的标签打得越少，就代表你对他的接纳度越高，对这个人的领导力也就越强。"

而所有这些不同的表达，都把"和他人的关系"看成领导力核心的元素之一了。

"我们如何对待他人,如何能够具备对他人更大的影响力和领导力"这个问题,阳明也给出了他的解读。

阳明论"和他人的关系"

我们前面提到过,阳明认为人到达"无我"境界之后,可以对"九经"之类修身齐家治国平天下的道理一通百通。"九经"之说出自《中庸》,是指治理包括天下国家的九条原则:修身、尊贤、亲亲、敬大臣、体群臣、子庶民、来百工、柔远人、怀诸侯。

这里的第一条原则"修身"自然是指"自我淬炼成长",而其后的八条原则,其实都是在谈"和他人的关系"了。我们借用一下现代企业领导者的视角来解读一下:要尊崇有思想、有智慧的贤人,爱护家人亲眷,尊重信任核心高管团队,要体恤下属管理人员,爱员工如子,积极吸纳专业人才,以更加友好包容的态度对待我们所处系统之外的其他人。总之,如果我们能够到达了"无我"的境界,我们就应该可以有一种更加游刃有余的状态来处理和应对各种关系了。

阳明也曾经非常具体地表达过如何影响并带领他人。

他在写给朋友的书信中说:君子获得领导权威和影响力也有"道",自我淬炼到"至诚(良知)"的境界,以德服人是根本;多选择培养自己认可的"善类"作为团队辅助力量；自己足够包容；但是有清晰明确的原则和底线以树立团队的风气为导向；保持足够的洞察和压力来威慑可能的不良行为；有足够的处事之智；以一颗无我之心对人，则可以"功盖天下也不会有人妒恨，像水一样滋润万物但又不与万物相争"。【故君子之致权也有道，本之至诚以立其德，植之善类以多其辅；示之以无不容之量，以安其情；扩之以无所竞之心，以平其气；昭之以不可夺之节，以端其向；神之以不可测之机，以摄其奸；形之以必可赖之智，以收其望。坦然为之，下以上之；退然为之，后以先之。是以功盖天下而莫之嫉，善利万物而莫与争。（节选自《王文成公全书·寄杨邃庵阁老》）】

从善意出发包容人

阳明心学最核心的一点是"相信人人都有良知"，而为什么社会上会有好人和坏人的区别，也只是坏人的良知暂时被蒙蔽了而已。甚至农夫和孔圣人之间，其内在的良知没有什么差别。这个观点现在看来也许稀松平常，但是在550年前的明代，似乎可以称得上是石破天惊的觉悟。

阳明有一次给几个弟子讲学，说："良知在每个人心中，随你如何，是不会泯灭的。即使是盗贼，他自己内心也知道不应该去做盗贼。你叫他是贼，他自己还会忸怩不好意思。"阳明一个名叫于中的弟子回应说："良知在自己的内心,不会没有,有时只是被物欲遮蔽了。就像云遮蔽了太阳,但是太阳不可能没有。"阳明赞许地说:"于中如此聪明,他人的见识比不上他啊。"【又论:"良知在人,随你如何,不能泯灭,虽盗贼亦自知不当为盗,唤他作贼,他还忸怩。"于中曰:"只是物欲遮蔽,良心在内,自不会失;如云自蔽日,日何尝失了!"先生曰:"于中如此聪明,他人见不及此。"(《传习录:一本书读懂阳明心学·陈九川录》)】

从这个基本的认知出发,我们对待他人的态度都应该与人为善。我们在日常生活和工作的场景中,会难以避免和他人发生分歧乃至冲突。这时候,我们看待他人的心态,可能会极大影响我们处理分歧和冲突的方式。如果我们视对方为"错"为"恶",那我们的应对可能是一种做法。而如果我们也视对方是和我们一样心中有善的、讲道理的人,那我们处理问题的心态和方式又可能完全不一样。不同的心态和方式,可能导致最后的结果会大相径庭。日本著名企业家稻盛和夫,也是阳明的拥趸,他年轻创业时遇到的一件事,是对这种方式很好的诠释与说明。

稻盛和夫刚刚创办京瓷公司的第二年,招进了一批高中毕业生。他们在公司磨砺了一年多后,已经成长为公司的骨干。当时的京瓷公司因为创办不久,条件异常艰苦,常常加班，薪酬也不高，而工作要求却十分高，因此这些年轻人难以忍受公司的要求。有一天这帮人突然闯入了稻盛和夫的办公室，递给他一封书信，其主要内容就是要求稻盛和夫承诺给他们定期加薪水和奖金等以保证他们的未来。这样的要求显然是不合理的，稻盛和夫努力和他们沟通解释，但是似乎并没有效果，他们威胁如果条件得不到满足就集体辞职。

在我们今天看来，这些年轻员工是过于自我而不为公司着想，这种要挟和集体辞职的威胁似乎也让人憎恶。如果我们修为不够，可能就陷入和对方针锋相对的状况，最后弄成两败俱伤的局面。而且，"不纵容这种不职业的做法"似乎也是很多领导者信奉的管理之道。

但是稻盛和夫听到集体辞职的威胁时，脑海中浮现出自己年轻时的影子，他理解他们只是在以一种他们认为合适的方式来争取自己的利益，觉得"这群血气方刚的年轻人的行事作风与三年前的自己十分相像"。在这样的心态下，他以一种更加坦率和开诚布公、推心置腹的方式和员工们进行沟通，最终取得了员工的信任。在并没有（因为也做不到）答应员工当时的条件的情况下，让员工们接受了稻盛和夫的解释。当然，员工们的接受现在看来是一个多么正确的做法，稻盛和夫带领当时的京瓷不断发展壮大，最终成为一家世界500强企业，员工们也随着公司的壮大获得了足够的回报和收益。

和自己的关系

> 斯坦福大学商学院顾问委员会的 75 名成员在推荐领导者需要培养的最重要的能力时,他们的选择几乎一模一样——自我认知。
>
> ——刘澜《领导力沉思录》

经典一问

对于"如何处理好和自己的关系",我们要回答的问题可能是:如何让自己能够持续不断,更有效地成长?

要处理好和世界的关系,还要处理好和他人的关系,但更为基础的核心是:领导力是"领导者"的领导力,领导力需要通过不断地淬炼提升自己的内在功力。

德鲁克说过:"管理者能否管理好别人从来就没有被真正验证过,但管理者完全可以管理好自己。实际上,让自身成效不高的管理者管好他们的同事与下属,那几乎是不可能的事。"

沃伦·本尼斯在其研究了二十八名领导者的《成为领导者》一书中说:"这不是关于成为一名领导者,而是关于成为你自己。"在该书中,就如何成为领导者,他提出了几点建议,其中第一点就是"认识你自己"。他还分享了关于"如何认识自己"的四点心得。

1. 你是自己最好的老师。自己是谁，自己应该是谁，如何通过学习填补这其间的差距。这些都不是别人可以教给你的，只有自己教自己。而且别人教给你的，还需要自己真正的领悟和吸收才算学习到。从这个角度上来说，自己是最好的老师。

2. 承担责任，不怪别人。自己认识到需要填补的差距后，需要自己承担起成长的责任。

3. 你可以学会任何你想要学会的东西。但是要理解学习不仅是吸收一些知识或者掌握一门学科的范围。学习是要同时认清世界的现状和它可以变成什么样，理解你所看到的，然后按照理解采取行动。

4. 真正的理解源于对自己经历的反思。进行反思是获得"再生"的必要过程。

在书中，除了第一点"认识你自己"之外，本尼斯还特别提到了有意思的一点：靠直觉行动。他所访谈的领导者不仅依靠逻辑和分析，还依靠直觉。

这些需要依靠直觉的场景可能包括：

· 预见变化

· 追随在愿景引导下的直觉

· 跟随直觉而非市场调查推出新产品

· 招聘人才注重想象力、韧性等软性因素

本尼斯在其访谈了四十三名领导者后写成的一本书《极

客与怪杰》中,归纳总结了领导者的四种品质:适应能力、能够以共享的愿景融和他人、独特的声音,以及操守。除了第二种品质是在谈"与他人的关系",其他三种也都是在谈"和自己的关系"。

其中第一点"适应能力",看起来似乎在说和外部世界的关系,但其实我们细细来看,都是在说和自我的关系。本尼斯认为适应能力是"自我内在对学习的热爱和对新经验的开放程度"。他把这种能力归结成几个要素:警觉,指对环境的状况有足够的观察洞察能力;韧性,不轻言放弃;转化生命中负面的东西为自己服务的能力;好奇心和创造力,都意味着心智足够的开放和包容。

我们提到《第五项修炼》中"系统思考"最关键的是"心灵的转变",所谓"心灵的转变",本质上还是指"与自我的关系"。

彼得·圣吉在《第五项修炼·心灵篇》中,对这一核心之处有很多描述,这种"心灵的转变"听起来很不可理解,书中甚至用"骆驼过针眼"的典故来形容:在古代的耶路撒冷有处叫作"针眼"(the needle)的窄门,驮满货物的骆驼若要通过那里,就必须卸下货物。间接引用这个在当时广为人知的比喻。耶稣说:"富人进天堂比骆驼过针眼还难。"而对不明所以的读者来说,也许"心灵的转变"也比骆驼过针眼还难。

书中引用美国加利福尼亚州大学伯克利分校认知心理学教授埃莉诺·罗施的观点:"当生命场达到'自觉'时,我们对自己身体的'局部小我'(Localized Self)的认同感就消退了,而一种更大、更具生成力的自我的感受就出现了。"

书中还提到,研究20世纪日本著名禅学家西田几多郎(Kitaro Nishida)的学者大桥良芥(Ryosoke Ohashi)曾用"陌生的自我"来描述小我消失后出现的情况:"一种陌生的东西在支撑着我的存在。"东方传统往往把这叫"空无"(Nothingness):"这种空无在支撑着我的存在,以及我的所有关联。"

从这些论述中我们可以更进一步理解:所谓"心灵的转变",就是我们提到的感悟"大我"而臻于"无小我"境界的意思了。

我们来看看阳明对这个问题的回答。

阳明谈与自我的关系

> 行有不得者,皆反求诸己。
> ——《孟子·离娄章句上》

让我们先来看看阳明在讲学中常常会提到的儒家经典《大学》里一段核心的文字:"心正而后身修,身修而后家齐,家齐而后国治,国治而后天下平。自天子以至于庶人,壹是皆以修身为本。"

"齐家治国平天下"是中华传统士人们千百年孜孜以求的事业发展路径。"齐家治国平天下"的起点是"修身","修身"的核心是"正心","正心"也是指每个人自己的"自我成长"。

功夫要在自己心上做

明白了要向"自己"内心去求,不仅是方向和方法,更核心的是要明白:自我要完全地承担起自己成长和开启智慧的责任!要有担当,凡事不怨天、不尤人,以更加积极主动心态去面对。

阳明说:在贵州龙场的三年,颇有体悟,才知道天下万物本没有什么可格的,格物的功夫,只需要在自己身心上做。这才坚信人人都可以成为圣人,当每个人自己明白了这个道理,也便自有担当了。【"及在夷中三年,颇见得此意思,方知天下之物本无可格者,其格物之功,只在身心上做。决然以圣人为人人可到,便自有担当了。"(《传习录:一本书读懂阳明心学·黄以方录》)】

这种自我担当,也是对自我的一种确信。即便对权威有意见,也要切记回到自己内心去体会确认。阳明的弟子有一次就类似的一个问题请教他:当自己的意见和外在权威不一样时,应该怎么办?阳明说:求之于心。

阳明认为先儒朱熹对孔子传下来的《大学》的一字改动有问题，应该以《大学》原文为准。他解释说：做学问贵在求之于心，如果心里认为不对，即使这话是孔子所说的，也不敢认为是正确的，而更何况那些不如孔子的人呢？如果心里认为正确，即使是普通人说的话，也不敢认为是错误的，更何况是孔子说的原话呢？【夫学贵得之心，求之于心而非也，虽其言之出于孔子，不敢以为是也，而况其未及孔子者乎？求之于心而是也，虽其言之出于庸常，不敢以为非也，而况其出于孔子者乎？（《传习录：一本书读懂阳明心学·答罗整庵少宰书》)】

这种自我担当，也意味着如果我们对"自我成长"有所懈怠，那也是自己要去面对和解决的问题。阳明说：大抵我们为学，其关键之处就是立志。所谓的懈怠和遗忘的毛病，也只是志向还欠真切所造成的。就像那些好色之徒，不会有懈怠和遗忘的毛病，只是好色之求比较真切罢了。自己哪里痛哪里痒自己一定知道，自己也应会搔挠。既然知道了痛痒，就不得不搔挠，佛家称之为"方便法门"。必须是自己调整琢磨，别人很难帮得上忙，也没有什么别的方法可以借鉴。【阳明：大抵吾人为学，紧要大头脑，只是立志。所谓困、忘之病，亦只是志欠真切。今好色之人，未尝病于困忘，只是一真切耳。自家痛痒自家须会知得，自家须会搔摩得，既自知得痛痒，自家须不能不搔摩得，佛家谓之"方便法门"。须是自家调停斟酌，他人总难与力，亦更无别法可设也。(《传习录：一本书读懂阳明心学·答周道通书》)】

龙场教诲：反求诸己

阳明在贵州龙场得以大悟"圣人之道，吾性自足"后，从此开始了他传奇的下半生。在龙场时，阳明日日给周围的学生讲学，还特别写下一篇劝学的文字《教条示龙场诸生》。这篇文章所提出"立志、勤学、改过、责善"，谆谆教诲，相信会对心学学子也大有启发。

在分享原文之前，我们先解读如下：

阳明谈了四点对青年人的期望，即立志、勤学、改过、责善。看似普通，但其实颇具内涵。这几点内容，其本质上都是在强调"反求诸己"，在谈"如何处理和自己的关系"。总结下来，核心的要点包括：

- 内驱力是自我成长的最关键因素
- 要有"明己之短"的空杯心态
- 要会反思，但是又注意不要在之前的过错上纠结
- 要与人为善
- 如果批判别人是为了彰显自己，这样的事不要做
- 对自己要"闻过则喜"

各点的内容还包括：

1."立志",是强调内在自我的驱动力。阳明说:"志不立,如无舵之舟,无衔之马,漂荡奔逸。"内驱力是年轻人学习成长最关键的因素,所以要放在第一个来讲。

2."勤学",是强调要真"想"勤学,强调有勤学的行动才是真正的"立志"。否则嘴巴说说有何作用?阳明说:"凡学之不勤,必其志之尚未笃也。"强调勤学,还是强调要真"能"勤学。怎么样才"真能"?要有"明己之短"的空杯心态。

3."改过",是如何"对己"。一是要明白"任何人都会犯错,关键是错了能改就好";二是要学会"反思"自己的过错;三是注意在以前的过错上不纠结,过去了就过去了,要会放下以前的包袱。

4."责善",是如何"对人"。有需要给他人提醒反馈批评的,都要从"与人为善"的角度出发,让对方容易接受。阳明说"攻发人之阴私以沽直者,皆不可以言责善",批评攻击别人,以显示自己多么厉害的人,都不是"善"了。当然另一方面,如果自己被别人这么对待时,没关系,要"闻过则喜",自己可以"有则改之"而不断进步。

附:《教条示龙场诸生》

诸生相从,于此甚盛。恐无能为助也,以四事相规,聊以答诸生之意:一曰立志;二曰勤学;三曰改过;四曰责善。其慎听毋忽！

立志

志不立，天下无可成之事，虽百工技艺，未有不本于志者。今学者旷废隳惰，玩岁愒时，而百无所成，皆由于志之未立耳。故立志而圣，则圣矣；立志而贤，则贤矣。志不立，如无舵之舟，无衔之马，漂荡奔逸，终亦何所底乎？昔人有言，使为善而父母怒之，兄弟怨之，宗族乡党贱恶之，如此而不为善可也；为善则父母爱之，兄弟悦之，宗族乡党敬信之，何苦而不为善为君子？使为恶而父母爱之，兄弟悦之，宗族乡党敬信之，如此而为恶可也；为恶则父母怒之，兄弟怨之，宗族乡党贱恶之，何苦而必为恶为小人？诸生念此，亦可以知所立志矣。

勤学

已立志为君子，自当从事于学。凡学之不勤，必其志之尚未笃也。从吾游者，不以聪慧警捷为高，而以勤确谦抑为上。诸生试观侪辈之中，苟有虚而为盈，无而为有，讳己之不能，忌人之有善，自矜自是，大言欺人者，使其人资禀虽甚超迈，侪辈之中，有弗疾恶之者乎？有弗鄙贱之者乎？彼固将以欺人，人果遂为所欺，有弗窃笑之者乎？苟有谦默自持，无能自处，笃志力行，勤学好问，称人之善，而咎己之失，从人之长，而明己之短，忠信乐易，表里一致者，使其人资禀虽甚鲁钝，侪辈之中，有弗称慕之者乎？彼固以无能自处，而不求上人，人果遂以彼为无能，有弗敬尚之者乎？诸生观此，亦可以知所从事于学矣。

改过

夫过者，自大贤所不免，然不害其卒为大贤者，为其能改也。故不贵于无过，而贵于能改过。诸生自思平日亦有缺于廉耻忠信之行者乎？亦有薄于孝友之道，陷于狡诈偷刻之习者乎？诸生殆不至于此。不幸或有之，皆其不知而误蹈，素无师友之讲习规饬也。诸生试内省，万一有近于是者，固亦不可以不痛自悔咎。然亦不当以此自歉，遂馁于改过从善之心。但能一旦脱然洗涤旧染，虽昔为寇盗，今日不害为君子矣。若曰吾昔已如此，今虽改过而从善，将人不信我，且无赎于前过，反怀羞涩凝沮，而甘心于污浊终焉，则吾亦绝望尔矣。

责善

责善，朋友之道，然须忠告而善道之。悉其忠爱，致其婉曲，使彼闻之而可从，绎之而可改，有所感而无所怒，乃为善耳。若先暴白其过恶，痛毁极诋，使无所容，彼将发其愧耻愤恨之心，虽欲降以相从，而势有所不能，是激之而使为恶矣。故凡讦人之短，攻发人之阴私以沽直者，皆不可以言责善。虽然，我以是而施于人不可也，人以是而加诸我,凡攻我之失者皆我师也,安可以不乐受而心感之乎?某于道未有所得,其学卤莽耳。谬为诸生相从于此,每终夜以思,恶且未免,况于过乎?人谓事师无犯无隐,而遂谓师无可谏,非也。谏师之道,直不至于犯,而婉不至于隐耳。使吾而是也,因得以明其是;吾而非也,因得以去其非:盖教学相长也。诸生责善,当自吾始。

三个镜的比喻

看自己要用"显微镜",时时反求诸己

和自我相处要首先了解"自我",而自我的各种角色和戏码都在自己的内心,所以看自我要用"显微镜"。于细微之处把握分寸和方法。

看他人莫用"穿衣镜",相信对方也是出于善意

和他人相处也要先了解他人,而我们看他人很多时候都是"自我"的一种投射。我们是用"穿衣镜"在看"他人",实际上看的是自己内在的各种东西。所以这是需要避免的状况,我们要放下自己的很多假设、观念,或者隐含的判断,在当下实事求是地观察对方,这样才最有可能得到一个如实客观的印象,这样我们才可能更有效地和他人相处。

看世界既要用显微镜,也要用"望远镜"

看世界是"谁"在看,当然是"自我"在看,我们需要用"显微镜"让"自我"的认知"如实"。与此同时,和世界的关系还有更宏观的角度,比如:我们要带领他人去解决难题获取胜利时，我们需要看清难题是什么，找到事情背后的规律，然后顺势而为。这时候我们可能不仅需要看"自我"的"显微镜"，避免看他人用的"穿衣镜"，还需要用"望远镜"。当自己在一个环境中时，要时时跳出来，站远一点来看。不但要看到事情表面，还要去看事情背后的模式和规律，看到整体结构和关联。

第四节 "四有"价值模型

> 知者不惑，仁者不忧，勇者不惧。
> ——《论语·子罕篇》

孔子在《论语》中谈到的"不惑不忧不惧"的状态，也可以是经历过解悟、证悟的阶段，致良知之后，可以去体悟感受的状态。

"不动心"首先是"不忧"。心平气和，情绪管理可以到达一个境界。完全自得其乐，没有情绪，不是不可以向往，只是不容易做到。但是我们至少可以做到"有情绪消得了"。

"不动心"之后可以"因时制宜"。因时制宜意味着我们不执着于固有的现在。

为什么能做到？因为心安理得，然后我们从认知和做事的角度，可以达到"不惑"和"不惧"的境界。实事求是，物来顺应。当下的现实,该是什么样的就是什么样的,该怎么做就怎么做。这就是"实事求是"。

有担当是"求是"的基础,这是态度,也是智慧。我们体会到自己是系统中有机的一分子,自然愿意去承担应有的风险和责任。而且有时候你会了解到,想要绝对的不承担风险,反而是最大的承担风险。

有洞察是"实事",因为要"求是",所以才需要"实事"。同时我们有如实看清现实"实事"的能力,这是我们不执着的前提。我们不执着,是"顺应现实"的不执着,而不是"逆现实"的不执着。

有力量"拿得起",一方面是指你能力提高了,你可以在洞察基础上有更好的决策能力;而与此同时,更重要的一方面在于,你也有了更大的勇气。你的头脑里无时不在的杂念,其中一个就是害怕失败。失败可能会带来麻烦,带来未知的损失,更"可怕"的是带来对小我的否定。这些仿佛是不可接受的,于是这种"恐惧"让很多人在新的抉择前止步,他们宁愿躲在什么也不做的但也许看起来很安全的环境中,也不愿去面对未知的可怕。其实这些可以说都是妄念而已,你跳出这些妄念后,能够面对这些恐惧,变得更愿意去探究未知的未来,从而你有了承担更大责任、获得更大发展的前提。这就是真正的"拿得起"。

同时你明白了"荣辱得失之贪嗔",不过都是一"痴"而已,自然可以日趋淬炼于"不执着"的境界。阳明当年

第四章　无我领导力

在远赴贵阳龙场之前,"荣辱得失"已经不在话下,但是"生死"二字似尚未勘破。而龙场山洞之中的日夜修悟,最终使他能够勘破生死,终于明了"圣人之道,吾性自足"。这个时候,还有什么需要执着和纠结的呢?与此同时,我们不执着之后可以更加如实地面对当下的客观现实,该怎么应对就怎么应对,而臻于"有弹性变得了"的状态。

心灵改变认知,认知改变行为,行为改变结果。从"无我领导力"所具备的价值的角度,我们总结以下"四有"模型:

自得其乐,有情绪消得了。自得其乐的最高境界是已经几乎可以没有情绪了。次高境界是有情绪是可以随时觉察,从而消除情绪而恢复自得自在的状态。

舍我其谁,有担当扛得住。理解自我对自己所处的系统负有完全的责任,有物我一体的体验。

实事求是,有洞察看得清。因为跳出了原来自我的条条框框,可以更能看清楚当下的现实状况,不被自己的固化思维所带偏。

随需应变,有力量拿得起。因为有了足够的觉察,可以不被自己内心各种胡思乱想的念头吓住,因而内在更有力量。内在有力量之后,也会更有弹性,可以变得了,一方面不执着于过去的自我,另一方面可以看清当下,应当下现实而变。

有情绪消得了

"有自在没情绪"是最高境界

到达"此心不动"境界之后,可以带给我们的价值之首,便是我们可以感受到内心充满平和喜悦而"自在自得",自得其乐。在这样的境界里,可以说是"有自在没情绪"了。

有一次,阳明的弟子陆澄写信向阳明请教关于快乐的问题,他说:"以前宋代理学大家周敦颐经常让弟子程颢寻找孔子和颜回的快乐之处。我想问一下,这里的快乐和七情中的快乐是否相同?如果相同,那么平常人一旦满足了自己的欲望就能快乐,又何必做圣贤呢?如果另外还有真乐,那么圣贤遇到大忧、大惊、大惧的事情,这些快乐还存在吗?况且君子心中常存戒惧,这是终生的忧虑,怎么能快乐呢?我平日里有许多烦恼,不曾体会到真正的乐处,现在真切地想找到这种快乐。"【来书云:"昔周茂叔每令伯淳寻仲尼、颜子乐处。敢问是乐也,与七情之乐同乎?否乎?若同,则常人之一遂所欲,皆能乐矣,何必圣贤?若别有真乐,则圣贤之遇大忧、大怒、大惊、大惧之事,此乐亦在否乎?且君子之心常存戒惧,是盖终身之忧也,恶得乐?澄平生多闷,未尝见真乐之趣,今切愿寻之。"(《传习录:一本书读懂阳明心学·答陆原静书(二)》)】

阳明回答说:"快乐是心的本体,虽然和七情之乐不相同,然而也不外乎七情之乐。虽然圣贤另有真正的快乐,而且也是平常人所共同拥有的,只是平常人虽拥有但自己并不知道,反而自寻许多忧悲苦恼,在迷惑中将这种真乐丢弃。虽然在迷惑中将真乐丢弃,但真正快乐的种子依旧存在,只要一念明白过来,反观自照求得意诚,那么就能得到这种快乐。我每次和你谈论都是这个意思,而你还问有什么办法找到快乐,这就难免有骑驴找驴的嫌疑了。【乐是心之本体,虽不同于七情之乐,而亦不外于七情之乐。虽则圣贤别有真乐,而亦常人之所同有,但常人有之而不自知,反自求许多忧苦,自加迷弃。虽在忧苦迷弃之中,而此乐又未尝不存,但一念开明,反身而诚,则即此而在矣。每与原静论,无非此意,而原静尚有何道可得之问,是犹未免于骑驴觅驴之蔽也。(《传习录:一本书读懂阳明心学·答陆原静书(二)》)】

清华哲学教授陈来先生也曾经提到:"禅宗也认为人有三种境界。'小我'的境界是纯粹自我中心的自私境界。'大我'的境界是把小我观念扩大到与时间、空间等量齐观,小我融于宇宙之中而与宇宙合一,人在这个境界上看自己的内心无限深远,看外界无限广大,人的身心世界已不存在,存在的只是无限深远广大的宇宙。个人不仅是宇宙的部分,又即是宇宙的全体。由于在这种境界中人与环境的矛盾不再存在,对环境的不满、怨恨、喜爱、渴望及排斥的心理自然消失,感到充实和有意义,爱人爱物如同爱小我一样,这就是'大我之境'。禅宗进一步认为,大我的境界还不是最高的境界，最高境界是'无我'的境界，在这种境界中，一切差别对立全部消失，人才能真正从烦恼中得到解脱"。(《有无之境：王阳明哲学的精神·绪言·有我与无我》)

王阳明的修炼，几乎到了这种境界。所谓的不动心，就是几乎没有情绪的状态。阳明在被发配到贵州龙场的时候，日夜静坐修炼，已经到了"胸中洒脱无忧"的境界。当时阳明的几个随从都病了，阳明就自己砍柴烧火煮粥给他们吃；担心他们心情不好，唱歌、作诗给他们取乐；还弹唱浙江老家的越曲，中间还不时开开玩笑、讲讲笑话，从而能让大家暂时忘掉在这蛮夷之地的辛苦。阳明这种自得其乐的境界，以至于有人感叹说：（即使王阳明不算圣人）而有其他真的圣人在这样的情况下，又还有谁能做得更好呢？【日夜端居澄默，以求静一。久之，胸中洒洒。而从者皆病，自析薪取水作糜饲之；又恐其怀抑郁，则与歌诗；又不悦，复调越曲，杂以诙笑，始能忘其为疾病夷狄患难也。因念："圣人处此，更有何道？(《王阳明全集·卷三十二·年谱一》)】

"有情绪消得了"也是无我境界

但是，我们今天来谈无我领导力的境界，站在对渴望提升无我领导力的我们所有人来说，人有情绪是再正常不过的事情了。对我们来说,更重要、更现实的是不要过分纠结在情绪上出不来。有情绪了能够马上觉察,然后可以平复情绪。阳明其实也是认可这一点的。

《大学》里有一段文字:"所谓修身在正其心者,身有所忿懥,则不得其正;有所恐惧,则不得其正;有所好乐,则不得其正;有所忧患,则不得其正。"

有弟子向阳明请教这段文字怎么理解。阳明说:"就像愤怒、恐惧、好乐、忧患等情绪,人的心中怎么可能会没有呢?只是不可'有所'(过分纠结)罢了。一个人在愤怒时,心里只要有一点意念生起,愤怒就会过当,这样一来心的廓然大公之体就将失去。因此,有所愤怒,心就不能中正。如今,对愤怒等情绪,只要物来顺应,对境不生意念,心体自然能廓然大公,从而保持本体的中正平和了。例如,出门看见有人打斗,对错误的一方,我也会愤怒;然而虽然愤怒,我心却仍处于廓然大公状态,不曾动气。现在对别人发怒也应该这样,这才是中正。"【问"有所忿懥"一条。先生曰:"忿懥几件,人心怎能无得?只是不可'有所'耳。凡人忿懥,着了一分意思,便怒得过当,非廓然大公之体了。故有所忿懥,便不得其正也。如今于凡忿懥等件,只是个物来顺应,不要着一分意思,便心体廓然大公,得其本体之正了。且如出外见人相斗,其不是的,我心亦怒;然虽怒,却此心廓然,不曾动些子气。如今怒人亦得如此,方才是正。"(《传习录:一本书读懂阳明心学·黄直录》)】

曾国藩虽然是半个圣人，但是在其一生为官中，遇到让人烦心的事情而使得控制不住情绪的时刻可谓多也。但曾国藩能意识到管理自己情绪的重要性，在情绪出来之后可以比较快地平复下来，这也是他了不得的大本事。

曾国藩曾在给弟弟曾国荃的信中说：近年来在我生气激动的时候，老弟你总是以好言相劝；老弟你自己生气激动的时候，也常常马上收敛。由此看来，老弟你的修养与度量是不可限量的，你以后的福分也是不可限量的。我们平时做事都可能会有情绪，情绪郁积在心中越来越多，可能就会发展成情绪化表现。以后我们兄弟动气的时候，彼此要互相劝诫，保持倔强的性格，去掉过激情绪化行为，这才可以啊。【弟近年于阿兄忿激之时，辄以嘉言劝阻；即弟自发忿激之际，亦常有发有收。以此卜弟之德器不可限量，后福亦不可限量。大抵任天下之大事以气，气之郁积于中者厚，故倔强之极，不能不流为忿激。以后吾兄弟动气之时，彼此互相劝诫，存其倔强，而去其忿激，斯可耳。(《曾国藩领导力十二讲·第二讲·耐》)】

曾国藩还曾在日记中写过这样一段话：古人办事被掣肘、遭抵触的情况多了去了，世世都会有，谁都免不了碰到。憎恶他人抵触而一定要人顺从，或者想方设法铲除异己，这是不妥的行径。我们要借别人对你的忤逆来磨炼心性，委曲求全，这才是圣贤的用心。借人之忤逆，磨砺自己的德行，这也许才是合适的做法吧？【古人办事，掣肘之处，拂逆之端，世世有之，人人不免。恶其拂逆而必欲顺从，设法以诛锄异己者，权奸之行径也。听其拂逆而动心忍性，委曲求全，且以无敌国外患而亡为虑者，圣贤之用心也。借人之拂逆，以磨砺我之德性，其庶几乎？（《曾国藩领导力十二讲·第二讲·耐》)】

可以让我们去除情绪、消除烦恼，是淬炼至"无我"可以获得的极大价值。而近乎没有情绪和烦恼的状态，也是我们能够面对哪怕再大压力也能有担当、有力量的一个极大加持。

有担当扛得住

> 仁者以天地万物为一体。
> ——《传习录·陆澄录》
> 如欲平治天下，当今之世，舍我其谁也？
> ——《孟子》

阳明提到在致良知的境界里，"天地万物本吾一体"是一种体会，这种"万物一体"的体会是"大我主体意识"的体会，"大我"是自我世界的主体。大我有"物我一体"的感受体验，会更容易把自我看成大的系统的有机部分，会更加明白遇见状况时要先从自己身上反求诸己，找原因并推动改变,所以可以做事更有担当,扛得住。

有担当是"舍我其谁"

领导者要主动地站出来,这是我们要谈领导力的一个前提。现代管理大师彼得·德鲁克说:领导力不是头衔、特权、职位或者金钱,领导力是责任。

在商业环境中,企业家都是无中生有的人,企业家基于内心的渴望,是期望获得一个结果而调集、整合、投入各种资源去发起一件事情。企业家这时候是以终为始的,为了要追求的结果,扛得住所有的责任。这种责任担当是第一位的,如果缺乏了这种责任担当,遇到困难和挫折领导者就撤了,那么后面的一切领导力也就无从谈起了。所以我们把"有担当扛得住"看成领导者最重要的一个行为特征,甚至可以说:这个是1,其他是0;这个有了,其他越多越好;这个欠缺了,其他再多可能也意义不大。因为有担当意味着有结果,有担当也意味着要有态度和能力去拿到结果。没有结果的担当是吹牛。

以提出"学习型组织"而闻名全球的麻省理工大学教授彼得·圣吉,被认为是全球最有影响力的管理大师之一。他在其知名的畅销书《第五项修炼》中把"系统思考"看作是整合"自我超越、心智模式、共同愿景、团队学习"等其他四项修炼的修炼,其中的核心意思就是认为"系统思考"中蕴含的"舍我其谁"的担当是推动落实其他四项的基础。比如他说道：如果非系统性的思考是主流，培育愿景的第一前提条件就没有了。这个条件就是：真心相信我们可以把愿景变成未来的现实。我们也许会说"我们能够实现我们的愿景"（这是大多数美国经理人所处的环境条件催生的信念），但我们默认的现实观总会背弃我们——它把现实看成由别人创造的一系列条件和状况。

有担当也是不逃避责任。现实中做事，不是每次都心想事成能有成功的结果，这时候有担当的人不逃避责任，反而主动承担责任，然后面对现实积极改进，继续努力追求结果。

王阳明在被朝廷派到赣南剿匪的时候，赣南已经延续了多年剿而不灭的匪患。前几任也有惯常的套路做法，就是从各地征调军队。征调的军队中还包括从两广地区调来的少数民族士兵，俗称狼军，集中围剿。奈何赣南地区崇山峻岭，地势复杂，土匪们知道"敌来我跑"的策略。每次大军一到，土匪们都跑到大山里藏起来，所以长期没有被剿灭。而且狼军不太受军纪约束，虽是剿匪，但同时也扰民，当地百姓叫苦不迭。

阳明经过一段时间摸清了局势之后，给朝廷上书，提出了包括之前做法在内的两种方案。其中第二种方案是伸手要权，他写道：如果殿下能给我赏罚大权，但是不要限定时间，让我能够充分调度兵力，也不要掣肘我。那么我可以相机而动，剿灭匪患。拿给小儿拔牙作比喻，要等牙齿慢慢松动了再拔除，则小儿不会感觉到太大的疼痛。【若陛下假臣等以赏罚重权，使得便宜行事，期于成功，不限以时，则兵众既练，号令既明，人知激励，事无掣肘，可以伸缩自由，相机而动，一寨可攻则攻一寨，一巢可扑则扑一巢。量其罪恶之浅深而为抚剿，度其事势之缓急以为后先。如此亦可以省供馈之费，无征调之扰；日剪月削，使之渐尽灰灭。此则如昔人拔齿之喻，日渐动摇，齿投而儿不觉者也。(《王阳明全集·卷九·别录一·奏疏一》)】

而对第一种方案，是之前在做，大家也认为理所当然的方案，他写道：现在大家又都想调重兵大举夹攻，以解一时之气，这是因为大家被怨恨的情绪所激，不太考虑其他问题。之前的经验也证明这样做不是最可行的。而且调动来的两广地区的狼兵，所过之处，其危害不比土匪小啊。这样做，好比小儿拔牙，哪怕最后拔掉了，小儿的命也给折腾没了。

阳明在奏疏中写道：如果按大举夹攻的方案，也许可以把责任分给大家，我也不用承担什么责任，然而我不敢只考虑我自己的责任而影响到剿灭匪患的大局。

朝廷后来根据阳明的要求，授予了他随即处置的大权。阳明不负所望，很快就以雷霆之势剿灭了匪患，立下了他人生中的第一次大功。

有担当还是反求诸己

有担当从根本上理解还是一种凡事"反求诸己"的人生价值观,是做人的根本。"我"和万事万物的外部世界其实是一个紧密相关的整体,所以"我"遇到的问题最终都从自己本身来寻找原因,这样才可能从根本上解决问题。

《第五项修炼》中提到"系统思考"是最核心的一项修炼时,还写道:"系统思考可以使我们理解学习型组织的最微妙之处,即个人看待自己和世界的新方法。从把自己看成与世界相互分立,转变为与世界相互联系;从把问题看成是由'外部的'其他人或其他因素造成的,转变为认清我们自己的行动如何导致了我们所面对的问题。在学习型组织中,人们不断发现自己如何创造现实,以及自己如何改变现实。"(《第五修炼·系统思考》)

你就是你自己人生的主人,是自己人生这场戏的总导演,是你自己的领导者。你的事情最终是要你自己说了算。所以要改变,先改变自己。《论语·颜渊》:"己所不欲,勿施于人。在邦无怨,在家无怨。"阳明说:"如'在邦无怨,在家无怨',亦只是自家不怨,如'不怨天,不尤人'之意。"

不"怨天尤人"之后,还要"责无旁贷",去"反求诸己"。

反求诸己不是大道理,当你从"怪别人"转变成"怪自己"的时候,你反而会轻松了。你丢掉了怨天尤人的"怨气",这种怨气虽然是在怨别人,但其实难受的还是自己。

舜和父亲瞽叟的故事

《传习录》里阳明还讲过舜如何对待看似很不慈爱的父亲瞽叟的一个故事：舜常常认为自己很不孝，所以能孝；瞽叟常常认为自己很慈爱，所以不能慈。瞽叟只记得舜是自己从小养大的，现在为什么不能让自己愉悦呢？他不知道自己的心已经被后妻迷惑而改变了，还认为自己很慈爱，所以越发不能慈爱。舜只想着小时候父亲如何爱我，现在不爱，只是我不能尽孝，每天都在想自己不能尽孝的地方，所以越发地孝顺。等到瞽叟高兴的时候，不过是恢复了他心中原来就有的慈爱的本体。所以后世的人都称舜是古往今来一个大孝的儿子，而瞽叟也就成了一个慈祥的父亲。

有时候我们做不到反求诸己，习惯性推卸责任，本质上是"内心的自我"害怕被否定。其实你勇于承担责任和失败的过程，不是贬低自己让自己减分的过程，而是给自己加分的过程。明白这一点，你是不是可能更敢去承担责任？当然，这其中的细微之处，也需要各自"反求诸己"去感觉体会了。

以上都是从个人的角度在谈"担当是做人的根本"。除此之外，就企业而言，企业的领导者可能还关心的是如何可以让员工更加有担当，这样的问题其实是领导者回到自己来"反求诸己"。中化集团前董事长宁高宁曾说过"所有面临的问题，都是自己造成的"，想表达的也就是这个意思。我们如何从理念上引导,同时也从制度上鼓励,让担当者"吃香喝辣",让逃避责任者承受该有的后果,若"不让雷锋吃亏",那便应该可以出现人人争当活雷锋的现象了。

有洞察看得清

> 圣人之心如明镜,只是一个明,则随感而应,无物不照。
>
> ——王阳明

在有了担当,能够扛得住责任之后,领导者如何带领团队获取胜利?

"成事"是一个关键词,要成什么样的事?一些企业经常把商业活动视为战争,我们也不妨这样来类比一下。成事是指"打胜仗",那么要打什么仗?在哪里打仗?什么时候打仗?用什么方式打仗?这些都是首先要弄清楚的问题。《孙子兵法》说:"知己知彼,百战不殆;不知彼而知己,一胜一负;不知彼,不知己,每战必殆。"

去追求"知"的过程,就是洞察的过程。获取胜利的征途上,也是不断发现问题、洞察问题、解决问题的过程。很多时候,我们没有办法解决一个难题,可能是因为我们根本就没有看清造成难题的根本原因。当找到根本原因后,解决问题反而是一个相对简单的事情。

爱因斯坦曾说:"如果我有 1 小时来解决问题并且我的生活全靠这个方案,我将用 55 分钟来确定恰当的问题用于提问,因为我知道有了正确的问题,我能够在 5 分钟内解决问题。"

我们通常的理解,这种洞察可能是来自专业的技能和实践的经验。比如下面是一个曾经广为流传的小故事:

当年福特汽车车间里一台重要的电机坏了,维修人员花了很长时间无法解决问题。于是只好花钱请外面德裔电机专家斯坦门茨过来帮忙。斯坦门茨东看看西瞧瞧,最后在电机的一个地方用粉笔画了一条线,说这个位置里面的电机线圈出了问题,拆开画线处即可。大家照办后问题解决了。斯坦门茨开价收费一万美元,那可是一个福特员工月薪只有几十美元的时代。福特问计价理由,斯坦门茨说:一条粉笔线收 1 美元,知道在哪里画这条粉笔线收 9999 美元。

但是我们所处的现实世界(系统)如乌卡描述的那样,远远比一台电机模糊而复杂。所以我们要看清现实需要更加不容易的"洞察力"。这种洞察很多时候需要我们有丰富的知识和经验,但很多时候又需要我们抛弃自己已有的见解和经验。

前面也已经提到过,我们已有的见解和经验是以一些判断、假设和结论的方式存放在我们的思维中,这些判断、假设和结论其实往往是基于一些具体的前提,而随着时间的变化,前提条件也是会变化的。如果我们拘泥于思维中已有的"成见",那以前的成功经验现在可能就已经变成了谬误。所以海尔集团的张瑞敏说过,要"见路不走","路"指的是以往形成的"成功经验"。我们在当下处理事情的时候,反而要小心不要去依赖过去的成功经验,其实质就是这个道理。

与此同时,我们的洞察还会被内在的情绪好恶乃至内在一些我们所不能觉察的心智模式等所干扰和影响。这些干扰和影响会极大地降低我们的洞察能力。

王育琨在《任正非找北》中也提到:"我们常常以自己的情绪、知见和预设判断去面对事物和框定事物,因此成为自闭的人。我们的情绪和预设的判断犹如一个厚重的筛网,一旦跟我们内在的预设不一致,无论外在的景象多大,声音多大,我们都看不到、听不到。我们在大多数场合下,都是情绪的奴仆。"

《第五项修炼》对"心智模式"这项修炼有非常详细的描述:"心智模式是决定我们对世界的理解方法和行为方式的那些根深蒂固的假设、归纳,甚至是图像、画面和形象。我们通常不能察觉自己的心智模式以及它对自己行为的影响。例如,我们看到某个同事着装优雅,就暗想'她是乡村俱乐部会员'。而如果有人不修边幅,我们可能就感到'他不在乎别人怎么想'。在各种管理工作环境中,什么可以做、什么不可以做的心智模式的坚固程度，丝毫不比这些逊色。许多有关新兴市场，或有关组织机构中对过时的运作习惯的深刻见解总是得不到实施，原因就在于它们遇到了强有力的、隐蔽的心智模式的抵触。"

彼得·圣吉接下来提到："心智模式为什么对我们的行为有如此巨大的影响力呢？部分原因在于它会影响我们的观察。有不同心智模式的两个人去观察同一件事，会给出不同的描述，因为我们看见了不同的细节，并且做了不同的解释。"

《第五项修炼》中还写到了一个让人印象深刻的心智模式影响洞察的事例。

大约20世纪70年代的时候，日本汽车开始大举占领美国市场。为了更了解日本汽车产业的情况，美国底特律的汽车企业高管团队到日本考察。他们考察结束回到美国后，圣吉参加了和他们的一次沟通。高管们都表示考察下来对日本没什么深刻印象。圣吉问为什么，其中一位高管说：日本人没给他们看真正的工厂，因为那些工厂里没有库存。而按照他在汽车工厂近三十年的经验，那是不可能的。

现在我们已经知道这些确实是真实的工厂，因为日本汽车厂商通过创新实现了零库存。但是在美国汽车高管的心智中，业已形成的固定的认知判断模式，导致他们看到真实的日本工厂场景时，他们也会依据自己的心智模式做出判断，而罔顾事实。

第四章　无我领导力

彼得·圣吉在《第五项修炼》热销之后，又写了一本《第五项修炼·心灵篇》，这本书实质上也是关于领导力模式的内容。在这本书中他提到："要成功建设学习型组织，就需要某种领导力，这种领导力对我们理解力的深度和动机的层次都提出了超出常规的要求。本书的写作，来源于我们对阐释这种理解力和深层动机……和应对系统性变革挑战的诉求。"

圣吉试图从东方智慧的视角来诠释这种所谓的"领导力和深层动机"，虽然使用的还是西方人习惯的概念逻辑表达这种诠释。我们可以称之为"用现代方式理解心力淬炼"。

为什么要谈"心力淬炼"？因为领导力的核心首先在于领导者自己的"心力"。心力足够清醒，可以看清当下的状况和问题；心力足够明白，可以找到解决问题的可能的策略和办法；心力足够坚韧，能够有效地推动任何有效的策略的执行和落实。

在《第五项修炼·心灵篇》中，提到一个南怀瑾老师讲的故事，这个故事是关于"执着如何妨碍我们的判断能力，阻碍我们的感知"的。

南老师讲了一个古代中国名相的故事。当时中国分为许多小国，这位先生的一个儿子在邻国被俘，即将被处决。他想派小儿子去营救，大儿子却反对，说："你派弟弟去就是认为我无能，派我去吧。"

父亲不再坚持了，就派大儿子去营救狱中的儿子。大儿子找到邻国的一位宰相求情，为营救兄弟送了很多钱财。那位宰相没有明确说要帮忙。但宰相找到一个机会，说服了国王大赦天下。当然那个孩子获救了。听到这个消息，大儿子很高兴，心想："太好了，反正所有犯人都要放了，也不是宰相帮的忙，我看能否把那些钱财要回来。"宰相听说了他的话，二话没说，就还了钱给他。但宰相跟国王说，可以释放所有犯人，因为种种原因某些人应该除外。结果那个孩子就被处决了。

大儿子带着兄弟的尸首回国了——他父亲对派大儿子前往的担忧被证实了。为什么呢？因为大儿子的成长是伴随着父母辛苦创业的，知道每分钱来之不易，内心习惯了悭吝，不会轻易将财物送人；而小儿子成长于家庭富裕之时，出手很大方，没有这种对钱财的执着。

彼得·圣吉还说："心智模式的修炼要从审视自己开始。"谁来审视自己？当然是"自我"审视自己。这个审视自己的"自我"，就是我们要去感悟的"良知"。

"U 型理论"谈认知

> 用现代方式理解心力淬炼。　　——彼得·圣吉

广为人知的"U 型理论"也在《第五项修炼·心灵篇》

中第一次出现。后来圣吉的合作者奥托·夏莫专门出版了《U型理论：感知正在生成的未来》，更为详细地阐述了"U型理论"。

"U型理论"阐述了如何从"转变传统的认知、感知方式"，到"转变核心的自我"，再到"转变行为"，通过这些彻底的转变，来革命性地提升领导力和变革能力。这个过程实质上就是一个"心力淬炼"的过程。

东方传统文化谈"淬炼"相对比较抽象，与之相比不同的是，"U型理论"还尝试给出了一步步的具体操作步骤，让人更容易实践。当然，书中也提到，要能真正地"淬炼心力"，关键还是"转变核心的自我"。我们已经理解，所谓转变核心的自我，就是要感悟到"大我"，就是要致良知。

大家看看下面的图，先对"U型理论"的全貌有一个大概了解：

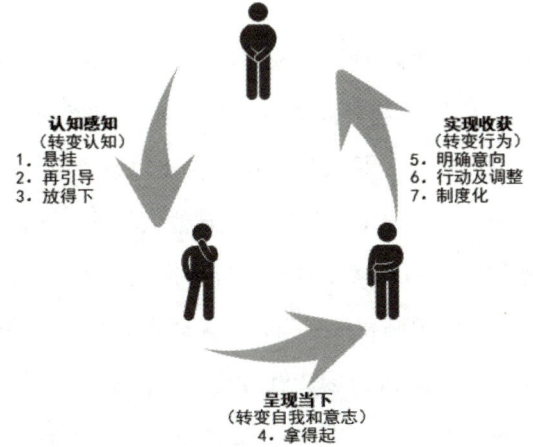

首先转变认知模式，就是要做到"有洞察"。要解决问题和实现变革，看清当下状况和问题是第一位的。因为如果问题都没有清楚地了解，当然也无从谈起何以解决改变。

我们通常的认知模式是"自动反应式"的，每个人都有自己习惯性的理解模式，各种先入为主的概念、判断（成见）和情绪好恶。该书中提到："大多数变革计划最终毫无收获，都不是因为没有崇高的目标、宽阔的想象力和宏大的愿景，而是因为人们无法看清自己所面对的现实……他们无法'看清'现实中的威胁，并完成必要的变革。"该书中还说："总是有大量的威胁信号出现，而且也有许多人注意到它，然而它遇到了组织免疫系统对陌生信号的封杀反应，无法被接受。"

那么如何改变？

第一步："悬挂"观点

我们要用新鲜的视角观察事物，首先必须放下我们习以为常的思考方法和理解方式，摆脱我们习惯的（思考）流程。通常情况下，是我们的思维在控制着我们，而不是我们在控制自己的思维。如果我们把假设悬挂在我们面前，站在"我们的外面"察觉自己的思维模式，那么也许它就不能那么严密地限制和束缚我们的观察活动了。

在实际中，要做到悬挂就需要耐心，需要我们主动避免对观察对象强加自己先入为主的心智模式或思维框架。

如果我们能够只作观察,不去给结论,不去想当然地判定我们观察到的东西意味着什么,允许自己接受看似无关的、零散的信息,那么我们对观察现实的新鲜的理解,就会逐步呈现出来。

第二步:再引导

我们既要把观点悬挂起来,从旁观的角度去观察,但同时,我们又要避免另外一个问题,即把我们和外面的现实变成二元对立的情况。我们应该"把自我和观察对象作为一个整体来感受",来观察理解整个局面。该书中提到这种整体性的感受会让我们意识到:"如果'我们'是自己的问题的制造者,那我们也能制造不同的局面。"

该书中提到一位叫乔恩·卡巴金的博士的研究:"总之,如果你觉得你有个'外部'问题需要解决掉,但又看不到或不想看到试图解决问题的'你'与实际问题之间可能的关联,那么你可能最终无法准确、完整地观察问题,也会因此而无意中让你把不愿看到的问题局面维持下去,而不是允许局势自然演化,并且可能自然消失。"

这时候,也许我们不是要考虑"解决问题",而是要考虑"解决我们的问题"。书中提到,再引导的内功在于:"要学会容忍'无知的心'和'无所求、无所知'的状态。这是真正的再引导的内功境界,但几乎与大多数经理人的训练完全相悖。"这意味着对现实的完全接纳,我们不努力试图让问题消失，不去试图解决它，往往会使它逐渐淡化、弱化，等等。

第三步：放得下

该书中把"放得下"看作是增强意识水平的第三步"基本动作"，排在"悬挂观点"和"再引导"之后。放下"执着"，实际上就是意味着放下"自我"，也意味着对"大我"的觉悟，意味着可以摆脱"自我"的约束而达到所谓"无我"境界的内心的自由。这也就是所谓"转变核心的自我"。

该书中写道："内在自由很微妙，它是指我们的行为在多大程度上受到我们的习惯的控制。我们可以看上去很自由，因为没有人在控制我们。然而我们的行为完全被惯性思考方法控制，完全根据对环境的反应行事。"

通过以上的三步动作，能够让我们更加客观如实地观照当下现实，能够先"实事"，然后去"求是"。其实或者可以说，这两件事也是一件事。好比王阳明的"知行合一"，知就是行，行就是知，知而不行不是真知，行而不知不是真行。"转变自我"是"知"，而"转变认知"和后面的"转变行为"都是"行"的部分了。

有力量拿得起

有力量拿得起，可以从两个层面来理解。

一是因为此心不动，可以去除对自我的执着，我们反而有了油然而生的力量。我们如果不害怕失去,那么还有什么好担心的呢?二是平复了内在各种胡思乱想的杂念之后,也就平复了各种无谓的担心和恐惧,这种平复之后产生的是更加如实的判断和力量。

从阳明先生身上我们可以时时看到这种内在力量。

在阳明平定宁王叛乱之后,有一次几个弟子和阳明一起聊天。大家谈到天下攻击诽谤先生的人越来越多,阳明就让大家各自谈谈原因。有人说先生的功业、权势、地位日渐显赫,天下忌妒的人也越来越多。有人说先生的学说日益昌明,因而为宋儒争是非的人也越来越多。有人说先生自从南都讲学后,信仰追随者越来越多,因此四方排挤阻挠的人也越来越起劲。

先生说:"你们所说的原因,我相信都有。但我有一点体验,你们都没有说到。"

众人请教。

阳明说:"我在南都讲学以前,还有些乡愿的意思。我现在坚信良知的真是真非,只管去说去做,更不用去刻意掩饰。我今天才有敢作敢为的狂者胸怀,即便天下的人都说我狂妄,也没有什么关系。"

弟子尚谦站出来说:"有这样的坚信,才是圣人的真血脉。"

拿现实的商业环境来说明，当我们对商业竞争的战局现实有了比较清晰的洞察，也有了作战方案，需要你做出采取行动的决定了。这时候我们可能会犹豫不决、缺乏勇气。为什么？因为现实中的不确定性导致未来还是有不可完全掌控的风险。这时候我们内心会有各种纷扰、恐惧的声音，干扰我们做出决策。

德鲁克在其《卓有成效的管理者》一书中说："一切条件具备，现在就只等着决策了。规范已经清楚了，不同方案已经想到了，得失也衡量了。一切都已经一目了然，应该采取什么行动，也已经清清楚楚。该采取什么决策，已是明摆着的了。不幸的是，绝大多数决策是在此时流产的。决策者这才'恍然大悟'，原来决策那么难受，那么不受欢迎，那么不容易。到了这一步，不但需要判断，更需要勇气。俗话说良药苦口，这句话虽不见得是真理，但实际上良药多苦口。同样地，我们不敢说所有的决策都会让人觉得痛苦，但实际上有效的决策执行起来往往会让人产生不愉快的感觉。"

这个时候，是不是有力量"拿得起"，有没有敢于承担风险的"勇气"，往往可能就体现出了优秀领导者和普通者的差别。

让我们再来看看 U 型理论中是如何谈"拿得起"的。

U 型理论谈"拿得起"

前面我们介绍了 U 型理论有关如何提升洞察的前三步,即悬挂、再引导、放得下,现在到了第四步——拿得起。

拿得起,其实这不关乎你做什么事,甚至也不关乎你做事的结果是否一定成功,而是指怎么做事。丘吉尔曾把领导力形容为"从一个失败走到另一个失败,却从不丧失热情",似乎谈的就是这种状态和境界。

彼得·圣吉说:"当局部小我对自己意识的禁锢得到松绑以后,就会有一种瓦莱拉所说的'注意力的质变',即从'追逐'转变到'由它自然来'或顺其自然的'拿得起'。"

他还说:"约瑟夫和奥托采访企业家时,请他们描述了自己创造历程中的深层体验,特别是为什么在各种逆境中能够锲而不舍。他们都回答说,自己感到被推动着、不能不继续前行,不可能'不做'。"

"拿得起"可能还意味着你后续能够自然而然地"转变行为",这些行为包括直觉判断等。对行为,并不是你在特别强求什么动作。该书中提到:"从某种意义上讲,这里没有决策要做,你必须'感觉出来'你要做什么。你必须迟疑,必须观察,并学会像冲浪运动员或优秀赛车手那样行动。不能根据演绎推理行动,而要根据内在的感觉,跟随你动态变化的感觉。你甚至没有思考,你已经和实际情况融为一体。"书中提到一位创业者艾伦·韦伯很有震撼力的一句话——"你做某件事的理由,是你无法不做它"。

概括一下,U型理论包括三个主要阶段或元素:第一,"感知",这个阶段是转变认知(可以理解为包含前三步);第二,"呈现当下"(第四步),即通过内心的"静修觉悟",达到如实观照的状态,这个阶段是转变核心自我;第三,"实现收获"(后面的几步),即在"觉悟"的状态下采取应该采取的行动,这个阶段是转变行为。同时我们需要知道的是,这所谓的三个阶段只是为了便于理解和实践尝试的说法而已。

在后来的《U型理论》的专著中,彼得的合作者奥托提到,"你可以把U想象成全息理论:每个部分都反映了整体"。我个人的理解是,如果我们真正做到了"转变核心的自我",那么几步即是一步,一步也是几步。

有力量拿得起,这种力量也包括可以改变的力量。所以有力量拿得起之后,我们也就有了变得了的弹性。

有弹性变得了

> 毋意毋必毋固毋我。　　——《论语·子罕》

随需而变

有一种"改变"的需要,是因为客观情况变了,要求我们要"变化"。

我们都听说过一句话——"世上唯一不变的只有变化"。我们前面提到的乌卡的第一个观点也是在强调世界的易变性。因为世界一直在变,所以我们与之对应的很多判断、观点、看法,随着其前提条件的变化,也都会随时要变。

此外,我们前面提到过罗振宇的知识付费被人诟病是骗人。骗人说得有些严重,但是通过移动互联网以及一些短视频等平台,短平快地传递知识或者人生道理的这些方式,很多时候大家会觉得实际对我们的提升帮助不大。听听好像都很有道理,可是到了自己的生活工作中,为什么却用处不大?这也是因为往往这些方式追求简单和短平快,传递的都是一些道理、观点,比如人生需要学会放弃,然后讲一个人懂得放弃而获得好的结果的小故事。可是我们知道,"人生有时候也需要坚持",我们也有很多坚持了然后获得成功的故事。那么到底什么时候应该坚持?什么时候应该放弃?这就需要自己根据每个当下时刻的具体情况来进行自己的判断和分寸把握了。我们不是不懂得道理,而是还不具备把握那个判断分寸的能力。而这个分寸把握,是别人教不了你的,必须你自己去体会和领悟。

那么这种体会和领悟靠的是什么呢?王阳明说:靠我们自己的良知。

有一次阳明的一个学生黄勉之问阳明:"《论语》里说

'无适也（没有什么一定要这样），无莫也（也没有什么一定要不这样），义之与比（遵循义的道理就是了）'。难道事事都须如此吗？"【黄勉之问："'无适也，无莫也，义之与比'，事事要如此否？"（《传习录：一本书读懂阳明心学·黄省曾录》）】

阳明说："当然是事事都如此，但也要明白这样做的本质才行。义就是良知，知道良知是本质，才没有执着。就好比受人馈赠，有今日应当接受，他日不应当接受的；也有今日不应当接受，他日应当接受的。你如果执着了今天应当接受的就全部接受，执着了今日不能接受的便全部拒绝，就是'适''莫'，就不是良知的本体了，这怎么能叫作义呢？"【先生曰："固是事事要如此，须是识得个头脑乃可。义即良知，晓得良知是个头脑，方无执着。且如受人馈送，也有今日当受的，他日不当受的。也有今日不当受的，他日当受的。你若执着了今日当受的，便一切受去。执着了今日不当受的，便一切不受去，便是适莫，便不是良知的本体。如何唤得做义？"（《传习录：一本书读懂阳明心学·黄省曾录》）】

这里提到的今日应当接受，他日不应当接受，看起来似乎是矛盾的，但是其中不矛盾的是都根据一样的良知的标准来判断。从这个层面看，我们应该就可以理解各种所谓的矛盾了。

阳明在赣南剿匪的时候，充分践行了"无适也，无莫也"的原则。他在给各部部署战法时就具体说道:"兵宜随时,变在呼吸,岂宜各持成说耶?"他还说:"善用兵者,因形而借胜于敌,故其战胜不复,而应形于无穷。胜负之算,间不容发,乌可执滞哉?"这种"应形于无穷"的随机应变,为阳明最后以闪电之势剿灭诸匪起到了不可或缺的指导作用。

妥协而变

还有一种"改变"的需要,是自己主动地因为妥协而变化。也许我们并没有错,也是符合客观实际的。但是如果你完全坚持你的想法,可能会和团队中很重要的成员发生冲突,也许你就会采取妥协的做法。

任正非在《管理的灰度:开放、妥协和灰度》中特别提到妥协:"没有妥协就没有灰度。妥协其实非常务实,是通权达变的丛林智慧,凡是人性丛林里的智者,都懂得在恰当时机接受别人的妥协,或向别人提出妥协,毕竟人要生存,靠的是理性而不是意气。"妥协其实就是自己具备了足够灵活的弹性,主动退让而接受的变化。

我们的自我通常是比较固执而骄傲的,主动的妥协常常不是一件非常容易的事情。致良知找到大我后,自我的这种固执和骄傲通常更容易被放下,这可以使我们依据现实进行妥协的时候,内在不会那么难接受。从而更可能"变得了"。

有弹性变得了,并不意味着所有事情都是一定要变的。有些根本性、原则性的东西可能是需要坚持不变的。比如对商业企业来说,如华为的"以客户为中心",又如贝佐斯对亚马逊的描述:"在不确定的世界,把战略建立在不变的事物上,即客户的极致体验上。"

总结:"1234"框架

关于"无我领导力"的"1234"框架总结如下:

一个定义:去除了"自我的执着"后而具有的领导力,就是无我领导力。

两大特征:此心不动、因时制宜。因为"此心不动",所以可以"因时制宜"。

三种关系:和世界(系统)的关系、和他人的关系、和自我的关系。

四有价值模型:有情绪消得了、有担当扛得住、有洞察看得清、有力量拿得起。

无我领导力的"1234"框架可以这样解读:

按照我们对领导力的定义来说,领导力首先是"带人成事";而"无我领导力"的"无我",是要通过觉察,去除"自我执着"在这种状态下,可以更有效地带人成事。

"无我领导力"有两个特征："无我"能够让我们具备"此心不动"的功力，因为能"此心不动"，所以我们可以做到"因时制宜"。

领导力无外乎就是处理和自己、和他人、和世界的关系。我们具备了"无我领导力"的两个特征，可以让我们更有效地处理这三种关系。

"无我领导力"的根本还在于帮助我们提升自我内在的功力。"无我"使得我们的内在可以做到所谓的"四有"，即有情绪消得了、有担当扛得住、有洞察看得清、有力量拿得起。

有无统合

需要说明的是，要彻底领会获得"无我领导力"的这些特征价值，觉悟到"自我（小我）"的渺小是前提，而致良知觉悟"大我"，是帮助我们觉悟"小我"渺小的手段。与此同时，"无我"领导力也需要"有无统合"。我们当然需要做无我的淬炼，但是"有我"的淬炼一样是必不可少。只是我们看到几乎所有的领导者并不会忽略，或者说甚至只会去注重"有我"的提升，所以"无我领导力"的强调才显得如此必要和有价值。但是我们绝对不可以又走向另外一个极端，虚无缥缈地去谈"无我"，那会更加有害而无益。

王育琨在《任正非找北》一书中提到的一个故事，相信可以在这个要点上对大家有所启发。王育琨有一次见到任正非，谈起稻盛和夫，这个场景他描述如下：

我说："今天中国兴起了学稻盛哲学热，有些企业家是想让员工学习稻盛哲学，改变工作态度，激发潜能多干活，少要报酬。稻盛和夫就是一个制造精密陶瓷的，却能凭借厚重的'无名之朴'，建设了两家世界级500强，还拯救了日航。人们没有去反思……"任正非打断我的话："王老师，你根本不了解稻盛和夫！"我一下子脸就红了。怯怯地问："任总，我哪里错了？"

任正非说："你说'就是一个制造精密陶瓷的'，太过轻淡！皮之不存毛将焉附？稻盛做的精密陶瓷，你知道吗？那不是你通常认识的陶瓷，那是氮化镓，是一种新材料。未来精密医疗器械和电子网络的核心部件会大量用到。氮化镓在未来10—20年会引领一场实实在在的新材料革命。他们同时拥有全球一流的化学家、物理学家和数学家。我们华为只有一流的数学家。稻盛哲学，那是他们几十年如一日，如磋如磨，如切如磋，聚集优势资源，力出一孔，才拿出了引领新材料革命的产品。没有氮化镓产品的支撑，哪里有什么稻盛哲学？你这样脱离产品空讲哲学，会害了一大批中国企业家！"

"脱离产品空讲哲学，会害了一大批中国企业家。"脱离"有"空讲"无"，也一样会害很多不明就里的读者。所

以我们需要特别强调这一点。(《任正非找北·正非灰度哲学》)

但与此同时,我们提出"无我领导力"的说法,凸显"无我"之于领导力的价值,期望给大家在理念上有一个更加简捷直接的输入,相信也具有特别的价值。

稻盛和夫还讲述过一段经历,提到了他对"心中意念"的重要价值的感悟。

有一次稻盛和夫在一个大会上听松下幸之助的演讲,松下提到一种经营方法,会场上有人提出质疑,说"这种经营方式听上去蛮有道理,但如果我们不具备条件该怎么做,请松下先生给予详细指点。不然,我们很难去实施这种经营",云云。松下幸之助沉思片刻后说:"详细的实施方案我也不知道,我唯一明白的是,前提条件是你必须得有这种想法。"对松下幸之助的回答,除稻盛和夫外,在座的所有人都捧腹大笑。

稻盛和夫后来说,松下幸之助这个听上去不算是回答的话像雷击一样,重重地震撼了他,特别是"前提条件是你必须得有这种想法"这句话让他陷入了深深的思考。具体怎样去实施,不是别人教你就能懂的事情。换句话说,别人把你教会,你也未必能够全部理解。对此,稻盛和夫认为,所有的"果"都是因心中的意念而生,若是心中没有意念,又何来的结果可言。

最后要特别说明一点的是：所谓的"1234"框架，只是出于帮助我们更有效地理解和践行无我领导力的需要，当你已经可以对无我领导力有透彻深入地领悟的时候，就完全可以忽略这个所谓的框架了。

掩卷时刻：

1. 这一章说了什么？
2. 这一章对我有实际帮助的内容有哪些？
3. 我会如何在我的工作中去尝试应用我学到的东西？

第五章
淬炼之法

> 抽身而出进行沉思，反思，是领导力的一项重要淬炼。
>
> ——刘澜《领导力沉思录》

第一节　觉察

> 省察是有事时存养，存养是无事时省察。
>
> ——《传习录·陆澄录》

淬炼"无我领导力"的过程，本质上就是修炼"心学"的过程。前面我们已经解读过"解悟"和"证悟"，那么如何进一步臻于"彻悟"？答案是：时时不忘事上磨炼，也就是阳明所说的"事上磨"。那么具体如何"事上磨"？两个字——"觉察"！这两个字是高度浓缩的，但是否过于简单？

不要小瞧简单,阳明说过:"工夫只是简易真切,愈真切,愈简易;愈简易,愈真切。"(《王阳明全集·卷三十四·年谱三》)

觉悟

觉察的"觉"首先是"觉悟",通过觉悟找到"良知"

阳明说:"为学须有个本原,须从本原上用力,渐渐'盈科而进'。"这个本原就是"良知"。我们在前面的"证悟"章节已经大致介绍了体悟"大我"的内容。这个体悟的过程,就是我们现在所说的"觉悟"的过程。

我们再简单地介绍,通过"觉悟"找到良知的具体做法可能包括:

1. 平日里是你的思维(各种概念、各种认知和各种念头)主导占据你的意识,现在回到当下,让你的意识聚焦一物。这一物,或者是你的呼吸,或者是一片树叶,或者是一朵花。让意识被聚焦的对象所充塞。

2. 此时不是在思考评判,而是在"感受"。你的"思维"已经暂时停止(或者叫暂时丧失)。思维既然已经暂时丧失,则可以说个人在"这个时刻"是丧失了自我的。意识和对象融为一体。此对象不是某个具体的对象,而是一个纯粹的、没有判断、无善无恶、超越时间的"境界"。在这个境界里平和自在的感觉会油然而生,这个境界就是"良知"的境界。【阳明说：知止而后定；阳明又说：夫人者，天地之心，天地万物本吾一体者也。生民之困苦荼毒，孰非疾痛之切于吾身者乎？不知吾身之疾痛，无是非之心者也。是非之心，不虑而知，不学而能，所谓良知也。(《传习录：一本书读懂阳明心学·答聂文蔚（一）》)】

3. 你"感受"到了这种境界后，就可以有一种能力，能跳出你大脑中"思维"的桎梏。你会明白，你的"思维"（各种念头）不是真正的你。有了这种觉察就是"良知"醒了。

察觉

觉察的"察"是"察觉"

某种程度上，人像一台计算机。一个人从小到大的经历，以及和外界的各种影响都在往这台"计算机"写入各种"控制程序"。很多控制程序已经内化，导致你在特定的情况下产生特定的反应，有些甚至已经形成了下意识的反应。而当你的"良知"醒了后，你大脑中的各种思维定式和成见也能被从一个新的角度来审视。也就是说，你内心的"下意识机制"被打破了。下意识机制被打破后，你的内在可能产生无穷新的力量和新的可能。

"良知"醒了就是有了觉察力，不让各种念头控制自己。因为有了觉察力，所以有了内心选择的能力。所谓"自在快乐是一天，郁闷烦恼也是一天，我选择自在快乐"，这句话听起来容易,要做到很难。有些人会因为外在的某个原因所以烦恼,这说明这些人还没有内心选择的能力。哪一天你可以自主选择自己的心境,你就有了内在的自由了。再进一步,你就能"随遇而安"(所谓"素富贵,行乎富贵;素患难,行乎患难")。随遇而安通常我们都把其当作贬义词,觉得不积极,不进取。在当前的世界需要"鸡血",需要努力奋斗,功成名就,怎么能随遇而安呢?那一定是素质、能力、德行等不行才会这样。其实随遇而安是人生的大智慧,"安",安的是心,安了以后不是躺下不动了,而是会有更大的力量,去做该做的事情。有大本事,你自可以去治国平天下;只有小能力,做一份力所能及的事情即可。但在这样的过程中,要始终"安住当下"(素其位)。

阳明在《传习录》里对觉察有很多着墨。阳明说:在起心动念(有事)时觉察到这种起心动念是存养天理,在心平气和(无事)时反省觉察内在固有的各种得失荣辱的执着也是存养天理。【省察是有事时存养,存养是无事时省察。(《传习录:一本书读懂阳明心学·陆澄录》)】

阳明说:我这里的学生,大致有两类。有慧根的人,可以做到直接悟到本心,人的本心原本就是像明镜一样的无沾无滞,原本就是没有纠结执着的天理境界。有慧根的人一旦悟到,再就不需要什么觉察淬炼的功夫了,本心就是功夫,一通百通。其他大多数普通的人不免有后天的各种习气在,本心受到了遮蔽,所以先教他在意念上觉察为善去恶,这种觉察的功夫熟练后,各种杂念的渣滓去尽时,则本心也就明明白白了。【我这里接人,原有此二种。利根之人,直从本原上悟入,人心本体原是明莹无滞的,原是个未发之中,利根之人一悟,本体即是功夫,人己内外一齐俱透了。其次不免有习心在,本体受蔽,故且教在意念上实落为善、去恶,功夫熟后,渣滓去得尽时,本体亦明尽了。(《传习录:一本书读懂阳明心学·钱德洪录》)】

阳明的弟子陆原静有一次提到了这个觉察的体会:曾经在心中尝试过,喜、怒、忧、惧的感情发生时,即使动气到极点,但只要我良知觉察,气就会缓和消解,或者把它遏止在最初发生时,或者在发作过程中将其制止,或者在发生后心生悔悟。【尝试于心,喜、怒、忧、惧之感发也,虽动气之极,而吾心良知一觉,即罔然消阻,或遏于初,或制于中,或悔于后。(《传习录:一本书读懂阳明心学·答陆原静书(二)》)】

阳明的学生陆原静还在信中问:先生昨天讲良知就是观照之心。我私下里认为良知是心的本体;照心是人所用的功夫,就是戒慎恐惧之心,就好比思虑。而先生却把戒慎恐惧当作良知,这是为什么?阳明干脆地说:能让人戒慎恐惧的才是良知。【来书云"夫子昨以良知为照心。窃谓良知,心之本体也;照心,人所用功,乃戒慎恐惧之心也,犹思也。而遂以戒慎恐惧为良知,何欤?"能戒慎恐惧者,是良知也。(《传习录·中卷·答陆原静书》)】

阳明还说:只要经常能够在当下觉悟到自己的本心,便是学习。过去和未来的事情,想它有什么用处?只不过白白丧失本心而已。【只存得此心常见在,便是学。过去未来事,思之何益?徒放心耳!(《传习录:一本书读懂阳明心学·陆澄录》)】

下面这个交流更加清楚明确。有一次,阳明的一个朋友感叹道:"私意萌发时,分明自己内心觉察得到,只是不能使他马上消除。"阳明回答说:"你私意萌发时,这一觉知处就是你的命根,当下就要去觉察观照,便是致良知的功夫。"【一友自叹:"私意萌时,分明自心知得,只是不能使他即去。"先生曰:"你萌时,这一知处便是你的命根,当下即去消磨,便是立命功夫。"(《传习录:一本书读懂阳明心学·黄以方录》)】

曾国藩的自我觉察

曾国藩也是一名笃信修身齐家治国平天下的儒者,其因为创立湘军并最终战胜太平天国而名垂青史,同孔子以及王阳明一起被称为中国历史中"两个半圣人",当然他只能排在孔子和王阳明之后,算作半个。曾国藩曾这样提到王阳明:"大率明代论学,每尚空谈,唯阳明能发为事功。"事实上,曾国藩和阳明一样,不仅是把儒家经典之学当作口耳之学,而是看作切切实实修身淬炼的实践之道。曾国藩在朝廷翰林院做事期间,认识了当时的一位叫作倭仁的理学大师,学到了"日日静坐,记日记反思自己"的做法。这个倭仁,按照北京大学中文系副教授陆胤的介绍,也是王阳明的信徒,并且这种日日反思的日记做法也是王学风格:"倭仁早年从王阳明心学证入,与河南同乡李棠阶互质日课,'一日十二时中,密密推勘',有过念则必'自讼';后在唐鉴影响下折入程朱,王学风格的治念日记却延续下来。"[1]

我们再来看看曾国藩在他人生低谷时期是如何去除自我执着的,这个过程可以说是曾国藩后来能暴发出足够强大的领导力的关键转折点。

曾国藩在危难之时受君之命在湖南老家办团练,并不是一直都一帆风顺。他一开始很强势,不仅对造反的百姓,同时对他看不惯的官场和八旗子弟,都毫不给好脸色。以至于与湖南、江西等地官场中人和八旗子弟屡屡冲突不断,几乎得罪了所有人,弄得"通国不能相容","最后的结果是一败涂地,被咸丰皇帝罢免了兵权,被迫回家守制,也

---

[1] 陆胤:《从"自讼"到"自适"——曾国藩的读书功程与诗文声调之学的内化》,《北京大学学报(哲学社会科学版)》,2021年第6期。

因此跌到了自己人生的最低谷"。①

曾国藩待在家里痛苦地细细反思，反思的过程不可谓不漫长、不痛苦。宫玉振教授还在他的《曾国藩领导力十二讲》中说："曾国藩的反思大概持续了一年的时间，他把自己关在一个房间里，天天在那儿静坐，把过去的事情一件件翻出来，在那儿解剖。这是一个非常痛苦的过程，因为这是一个曾经很成功的人要否定自己的过程。曾国藩最后终于想明白了，所有问题的根子就在自己身上。"

曾国藩"大悔大悟"，悟出的结果是：我以前以为自己很了不起，眼中所看到的，都是人家的不对、人家的问题。自从丁巳到戊午这一年的大悔大悟之后，我才知道自己其实一点本事都没有，无论遇到什么事，都觉得人家有几分道理。所以现在九年过去了，跟我四十岁以前是完全不一样的。大约说来，是以能立能达为体，以不怨不尤为用。立，就是想要做事，要发愤图强，这样才能站得住；达，就是还要会做事，要办事圆融，这样才能把事情做成。【"乃知自己全无本领。"他后来给弟弟曾国荃的信里提到了这一段经历："兄昔年自负本领甚大，可屈可伸，可行可藏。又每见人家不是。自从丁巳、戊午大悔大悟之后，乃知自己全无本领，凡事都见得人家有几分是处。故自戊午至今九载，

---

① 宫玉振：《曾国藩领导力十二讲》，北京：北京大学出版社，2019，第42页。

与四十岁前迥不相同。大约以能立能达为体,以不怨不尤为用。立者,发奋图强,站得住也;达者,办事圆融,行得通也。"(《曾国藩领导力十二讲·导语》)】

阳明也很多次强调过"省察克治"的功夫,称:"这种功夫需绵绵密密不能间断,好比铲除盗贼,要有彻底清除的决心。有事没事的时候,将好色、贪财、慕名等私欲统统搜寻出来,深入地省察克治,一定要将病根拔去,使它永不复发,才算痛快。"【须教他省察克治。省察克治之功,则无时而可间,如去盗贼,须有个扫除廓清之意。无事时,将好色、好货、好名等私欲逐一追究搜寻出来,定要拔去病根,永不复起,方始为快。(《传习录:一本书读懂阳明心学·陆澄录》)】

曾国藩这里提到的经过自我反思的"大悟",领悟到"自己全无本事",从而到了"不怨不尤"的境界,所起到的效果就是已经去掉"自我的执着"了,由此开始了他后半段值得大书特书,奠定他一生辉煌的平定太平天国的生涯。以至与曾国藩同时代的薛福成在评点分析曾国藩为何能成功的原因时说道:"以克己为体,以进贤为用……其克己之功,老而弥坚,虽古圣贤自强不息之学,亦无以过之也。"

这里的评价已经是相当之高了。事实上,儒家的心性之学中,非常强调"克己"。《论语·颜渊》:"克己复礼为仁。一日克己复礼,天下归仁焉。为仁由己,而由人乎哉?"宋代大儒张载的弟子吕大临在其著名的《克己铭》中说:"亦既克之,皇皇四达;洞然八荒,皆在我闼。""克己"就是去除自我的执着。阳明也说"能克己,方能成己";"人顶有为己之心,方能克己"。

在当下

如果再要为"觉察"两字略作补充,我们可以加上"当下"两个字,即"当下觉察"。

我们谈"当下",是要强调"即刻行动"!每一个"当下",是我们所能够真正拥有的时光。人生虽然长则百年,但是在这百年之中,你所真正拥有的其实是一个个"当下"。昨日已逝去,明日尚未来,我们所拥有的,无非"当下"。我们当然还有明天,但是明天到了之后,不也是到达明天的那个"当下"吗?当我们不想"行动"时,头脑中的明天是一个很好的借口,古人云:"明日复明日,明日何其多。我生待明日,万事成蹉跎。"俗话说:开始一件事情的最好时间可能是十年前,然后是现在。所以,如果你意识到改变的必要性,那么当下就行动,无须再等待另一个完美的时机,因为这世上永远不会有什么完美。

我们谈"当下",其实还是强调"体悟"是我们"有所得"的核心关键。"体悟"是要你在"当下"去"体会感受"。你不可能臆想自己在未来某个时刻去"体会",过去和未来都活在你的思维概念之中。在每一个鲜活现实的当下,你才可能"体会感受"。而"体会感受"使你可以恍然明白:

原来思维里的一个个念头并不能代表"你",你可以感受到一个不同的自己,而且这个自己可以像一个旁观者来觉察"自己"的一个个念头。

下面介绍的"元认知",应该可以让我们更好地理解"觉察"。

元认知

> 智者就是时刻观察自身精神世界的人。
> ——哲学家 阿尔贝·加缪
>
> 记住,你不是你的想法。
> ——大卫·迪绍夫《元认知》

我们在前面的部分曾经提到:证悟到"良知"后,我们就可以随时"觉察"到自己的感觉和思维,而不是陷在原来的感觉和思维中,受其左右。美国学者大卫·迪绍夫在其《元认知:改变大脑的顽固思维》一书中,把这种觉察定义为"元认知"。他提到:元认知即我们审视自身思想的能力。而能够具备这种觉察,是我们能够趋于"无我",去除自我执着的第一步。

元认知可以有效帮助我们管理情绪

元认知让我们以旁观者的角度觉察到我们内心时时刻

刻产生的各种念头，这些念头很多时候是负面的，当我们没有觉察的时候，这些负面的念头会引发我们的消极思维和负面情绪，甚至带来消极的行为。当我们跳出这些声音的干扰后，会更有定力，更日趋于"不动心"的状态。

《元认知》一书中提到："大多数人都体验过这样的心声，当你决定去做某件事情的时候，'去做吧'，'千万不要这样做'，类似的声音会冷不丁地回响在你的耳畔。那么，心声是如何到达行为的终点，并在终点指挥我们究竟是前进还是止步不前的呢？

"如果你的元认知觉察的过程得到了良好的训练，那么可以肯定地说，心声会引领着你走向成功。但是，倘若恰恰相反呢？遵循心声的指挥，只会让你陷入一个接一个的麻烦之中。"【《元认知》第2章：心理化：最初的心智游戏）】

元认知可以及时觉察到我们的情绪，这种觉察可能让我们从情绪中跳出来，而这种跳离，会让我们情绪的控制影响很快消散。

《元认知》一书中还说："心境状态将会引起最强烈的情绪体验水平——一种情绪的开端。情绪和'情绪体验'并不是一回事，情绪是一种因对诱发物做出反应而产生的一种具体的、短暂的活动。诱发物既可以来自外部世界，也可以来自内心深处（比如回忆起以前的创伤事件）。对外，情绪会产生一系列的身体表情和面部表情；对内，会产生一种主观体验，这种体验将决定我们下一步的'行为倾向'。""如果在心境阶段，我们能够调整我们的想法，更正情绪轨道，那么就能为防止不合时宜的消极或积极行为付诸实施。只要功夫下到位，我们就能够更好地控制情绪体验，并非减弱情绪的强度，而是调整情绪状态，使之能获得最优的结果。"

元认知还能让我们看问题更清晰

我们之前提到过，我们对很多想法的判断往往是基于一些惯性思维，在这些惯性思维中，会隐藏许多假设、判断和前提条件，而这些假设、判断或者条件往往可能是并不符合当下现实的。当我们基于元认知将其曝光于意识之中时，我们就可能明白自己的谬误，从而调整改变。这时候，我们会有更清晰深刻的洞察力。同时我们也更能理解没有什么事情是绝对的，我们可能有更加弹性的态度，而不执着纠结。

《元认知》一书说：

"当我们受困于思维错误的迷宫时，大脑就会错误地解读信息（事实），从而导致反馈回路发生偏移。进而，阻碍我们适应的能力。"

"常见的思维错误包括：'非黑即白'的思维、以偏概全、否定正面信息、否定负面信息、主观臆测、宿命论、最大化或最小化、情绪性推理、乱贴标签、自找罪受、错误比较、错误预期。"

第二节　事上磨

"事上磨"是在事情上面反思觉察。"事上磨"是阳明心学中一个非常重要和核心的淬炼之道，入世到红尘中，持续地"事上磨"是必须的淬炼方法。阳明在《传习录》中有许多相关的论述。

一有事就打回原形怎么办？

阳明的弟子陆澄曾问道："没有干扰，独自静心淬炼的时候感觉很好，可是一遇到外面有事发生就又打回原形，这是怎么回事？"阳明说："那是因为你仅仅知道静心修养，而不知道努力做一番克己的功夫。这样，遇到事脚跟就站不稳。人必须在事上磨炼，才能立得稳，不为人欲所动。"【问："静时亦觉意思好，才遇事便不同，如何？"先生曰："是徒知静养，而不用克己功夫也。如此，临事便要倾倒。人须在事上磨，方立得住。(《传习录：一本书读懂阳明心学·陆澄录》)】

公务太忙没空修悟怎么办？

一位官员听了几次阳明讲学，说："先生的心学是好，只是我平时审理案子和其他公务太忙，没时间修悟怎么办？"阳明听后对他说："我何曾让你放弃公务去凭空修悟？你既然需要审案，就在审案的事上修悟，这才是真正的'格物'。比如当你问一件案子时，不因对方失礼而恼怒，也不因对方话说得好听而高兴；对方来请托说情，你不因厌恶这种行为而存心整他，也不因情面上过不去就特别宽容，等等。这些情况都是私心杂念，只有你自己知道，必须仔细反省觉察，唯恐心中有丝毫偏差而错判了是非，这就是'格物'与'致知'。这些在审案过程中的觉察，无不都是实实在在自我修悟的过程。如果离开了具体事情去修悟，反而是着了空了。"【有一属官，因久听讲先生之学，曰："此学甚好，只是簿书讼狱繁难，不得为学。"先生闻之曰："我何尝教尔离了簿书讼狱，悬空去讲学？尔既有官司之事，便从官司的事上为学，才是真'格物'。如问一词讼，不可因其应付无状，起个怒心；不可因他言语圆转，生个喜心；不可恶其嘱托，加意治之；不可因其请求，屈意从之；不可因自己事务烦冗，随意苟且断之；不可因旁人谮毁罗织，随人意思处之。这许多意思皆私，只尔自知，须精细省察克治，唯恐此心有一毫偏倚，枉人是非。这便是'格物''致知'。簿书讼狱之间，无非实学。若离了事

物为学,却是着空。"(《传习录·下卷·陈九川录》)】

在人情事变上致良知

陆澄曾经就陆九渊在人情事变上下功夫的观点向阳明请教。阳明说:"世上除了人情事变再也没有其他事了。喜怒哀乐难道不是人情吗?从视听言动到富贵、贫贱、患难、死生,都是事变。事变也只在人情里体现,关键在于'致中和'。要做到'致中和',关键在于'慎独'。"【尝问象山在人情事变上做功夫之说。先生曰:"除了人情事变则无事矣。喜怒哀乐非人情乎?自视听言动,以至富贵贫贱患难死生,皆事变也。事变亦只在人情里,其要只在'致中和','致中和'只在'谨独'。"(《传习录:一本书读懂阳明心学·陆澄录》)】

念念不忘去人欲、存天理才是功夫

阳明说:"只有去人欲、存天理才可称为功夫。宁静时念念不忘去人欲、存天理,行动时念念不忘去人欲、存天理,这与宁静或不宁静关系不大。如果只靠宁静来存养天理,不但渐渐会有喜静厌动的毛病,中间还会有其他许多毛病潜伏在心里,始终不能清除掉,一旦遇到事情依然会滋长。若以遵循天理为重,心里怎么会不宁静呢?但如果以追求宁静为重，未必能遵循天理。"【曰："只要去人欲存天理，方是功夫。静时念念去人欲存天理，动时念念去人欲存天理，不管宁静不宁静。若靠那宁静，不惟渐有喜静厌动之弊，中间许多病痛只是潜伏在，终不能绝去，遇事依旧滋长。以循理为主，何尝不宁静？以宁静为主，未必能循理。(《传习录：一本书读懂阳明心学·陆澄录》)】

先生说：善念萌发时，先要认识它，接着要发展扩充它；恶念萌发时，也要认识它，并且努力遏止它。知道扩充善念、遏制恶念，就是志的作用，是上天赋予人的聪明才智。圣人只不过是拥有这种聪明才智，而学者应该学习存养这种聪明才智。【善念发而知之，而充之；恶念发而知之，而遏之。知与充与遏者，志也，天聪明也。圣人只有此，学者当存此。(《传习录：一本书读懂阳明心学·答周道通书》)】

莫被毁誉得失所牵累

孟子说"必有事焉而勿忘勿助"，事情发生，只要尽我们的良知去处理就行了，这就是"忠恕违道不远"。事情处理得好与不好，以及处事时出现的困顿、疲惫和混乱，都是被毁誉得失所牵累，不能真正地致自己的良知罢了。若能真正地致良知，就会发现平时所谓处理得好的事情未必就是好的；处理得不好的，却恐怕正是被毁誉得失所牵累，而自己丢掉了良知吧!【"必有事焉而勿忘勿助",事物之来,但尽吾心之良知以应之,所谓"忠恕违道不远"矣。凡处得有善有未善,及有困顿失次之患者,皆是牵于毁誉得丧,不能实致其良知耳。若能实致其良知,然后见得平日所谓善者未必是善,所谓未善者,却恐正是牵于毁誉得丧,自贼其良知者也。(《传习录:一本书读懂阳明心学·答周道通书》)】

在之前的部分我们提到:你体悟到大我(良知),于是你可以跳出头脑中原来的"控制程序",打破内心的"下意识机制"。但是,你的各种"控制程序"并不会一蹴而就地消失。每当有外在状况发生时,"程序"都会启动(也就是各种念头和情绪的产生,可能有怨天,有尤人,有懊悔,有焦虑)。没关系,这时候,因为你的"良知"醒了,你已经有了觉察的能力。而因为你觉察了,思维对你的控制力就没有了,相应产生的情绪也容易平复了,这就是"事上磨"之所以有价值的原因所在。这也是"致良知"的过程,这个过程会一直存在,并期望日臻成为你内在的习惯和常态。佛家有"常提念头"和"常惺惺",孟子谓"必有事",都与"致良知"是一个意思。

"事上磨"对领导力淬炼有另外一个更加积极的意义:作为领导者,我们日常会碰到大量各种各样的麻烦,而我们如果把这些麻烦都看作磨炼我们的契机,那么我们就具备了把坏事进行积极转化的能力。所谓"好事是来滋润你,坏事是来磨炼你。所以所有的事情都是好事",就是这个意思了。

"事上磨"的境界是能随遇而安。随遇而安的"安",是针对随时遇到的事情,也能安得下来,做到情绪平和,"此心不动"。不管外界的环境如何变化,我们的内在都能"物来顺应",跟随着变化而"安"。而到了"安",才可以说你近乎获得了某种程度内心的自由了。你大概率还会碰到外面的事情,领导可能还会责怪你,家人可能还是会抱怨你,甚至你期望中的工作努力还是会不尽如人意地碰到挫折,但是你可以在内心乐呵呵地朝他们一笑,然后对自己说:好的,我继续努力。

阳明对这一点体会尤深,他从百死千难中彻悟良知大道,而在觉悟后能够保有内心的自由而不被外界干扰。他曾在给友人的信中说:在道的境界中可以自在自得,为学求道也是可以自在自得的,所以天下的人都相信也不算多,只有一个人相信也不算少。这就是君子"不被外界肯定也不会有苦闷"的心态。这岂是世上那些琐碎浅薄的人所能理解的。【道固自在,学亦自在,天下信之不为多,一人信之不为少者,斯固君子"不见是而无闷"之心。岂世之谫谫屑屑者知足以及之乎?(《传习录:一本书读懂阳明心学·答聂文蔚(一)》)】

第三节 构建新认知体系

我们的内在有自我认知的牢笼和下意识的反应模式。在这样的心智模式下,我们可能会因为"荣辱得失"而每每产生不必要的情绪。情绪不但会令我们心烦意乱,还可能会变成我们认知的极大干扰。而我们或者由于情绪的干扰,或者由于思维禁锢的局限,使认知判断不符合一直在调整变换的客观环境。这时候,如果我们继续执着于自我,就会出现错误的判断和行为。

要做到实事求是地准确判断,就需要做到此心不动,排除情绪的干扰,还需要跳出原有自我认知的禁锢。

"无我"的过程可以具体地理解为:

在"致良知"已经觉悟到"大我"的情况下,大我时时觉察小我的杂念——跳出小我下意识的反应模式(此心不动)——跳出小我认知禁锢(因时制宜)。

这里的大"我",相当于在原来的"自我"之外有另一个"觉察力",好比在内在建立了一个"监察委"的岗位,随时监督"自我",把"自我"的权力变小。"自我"认认真真履行职责的时候,"监察委"不会干涉;但如果"自我"一旦乱来,比如有心烦意乱、六神无主、胡思乱想、自我吓唬的时候,"监察委"及时接管权力,以让自己更加心平气和，心安理得，理直气壮。

这个过程就觉察，就是事上磨，就是"无我"的淬炼过程。

我们的"小我"会有一个认知评价体系，这个体系是在成长过程中成年累月形成的，它顽固而稳定，下意识反应模式所依据的标准，就是这个评价体系。比如前面提到过的得则喜，失则悲；被赞则喜，受辱则怒，等等。

我们很多时候懂了很多道理，从道理上知道应该有更好的心态，比如"得之欣然，败亦可喜""宠辱不惊""淡泊名利"等，但我们往往很难做到。原因很简单，如我们前面分析的那样，"自我"内部的决策反应流程和标准没有变，不是我们想改就马上可以改变的。好比一个大公司的领导者想好了一套"以客户为中心"的价值观，可是公司的制度流程和激励标准都是以领导者为中心，那么你怎么可能指望团队的执行是按照领导者的想法落地呢？这当然需要一个过程去完成从领导者的想法到可以落地执行的改变。

一个公司的改变需要通过其价值观、制度、流程等改变的支撑来实现。从我们个人的内在成长来说，就是通过所谓"事上磨"来改变构建内在新的认知评价体系和心智模式。在新的认知评价体系中，当然还是会有传统文人渴望的"达则兼济天下"，也会有现代人孜孜以求的功成名就、位高权重和发财致富，只是我们不会纠结执着在上面了。从"得之则喜，失之则悲"，成长到"得之固喜，失亦欣然"。

理想的情况下，你可以从自我的内在获得价值感，你会感觉自在自得，可以如陶渊明"采菊东篱下，悠然见南山"，也可以如东坡先生"竹杖芒鞋轻胜马""也无风雨也无晴"。

看到这里，可能会有人担心，这样会不会有可能变成"自我麻痹"，变成"躲进小屋成一统"，甚至变成逃避而不敢面对人生的失败者？这样的担心是因为没有真正理解内在成长导致的。"逃避而不敢面对人生"的人，都是在"内在自我评价体系"中被自我打了低分，被打垮了的人，是自我完全缺乏力量的人。他们的逃避，是因为缺乏力量而不敢面对。而内在自我成长良好的人，是内心充满力量的人。他们在"内在自我评价体系"中有绝对的自我肯定，他们更看重"内在评价体系"，但是同时，他们也会客观地对待"外在评价体系"。同时会去努力争取外在评价的高分，只是当他们因为各种原因并没有得到外在的高分时，他们会更坦然地面对，继续努力。这就是所谓"成长思维"的心态，不惧怕并且接纳所有的失败。失败对我们来说只是一个成长过程中的反馈而已。

孔老夫子等圣贤就是构建了这样的新认知评价体系的人。《传习录》里就记录了这样一段阳明和弟子的对话。有弟子问："《论语》里有叔孙、武叔毁谤孔子的记载，大圣人为什么也难免被毁谤呢？"阳明说："孟子讲'有求全之毁，有不虞之誉。'毁誉是外面来的，又怎么能避得，人只贵在自我修行，修行到了圣贤的境界，纵然人都毁他，也说他不着。好像浮云蔽日,如何损得日的光芒。"

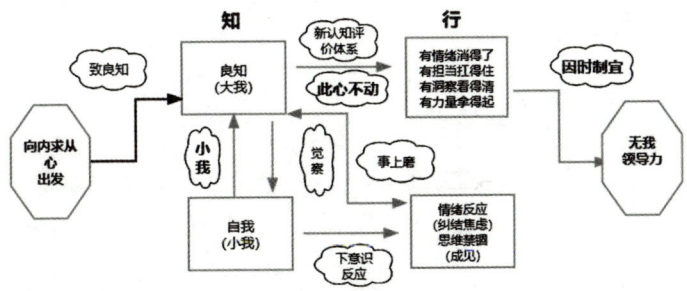

新认知评价体系

> **掩卷时刻:**
>
> 1.关于本章内容,我的困惑是什么?
> 2."觉察"之后,我的体会是什么?

第六章
他山之石

无我领导力以及造就无我领导力的心力淬炼，是无论东方和西方、传统和现代，大家都在研究和琢磨的东西。下面的这些研究内容和相关理论，相信会带给我们不一样的启发。

这些研究和理论，都是体现了"有无统合"的原则的。我们既看到"有我"的一面，又看到"无我"的一面，这两面的完美统合，才会是一个有价值的场景。

第一节　第五级领导者

> 第五级领导者具有双重人格：平和而执着，谦逊而无畏。
>
> ——吉姆·柯林斯《从优秀到卓越》

如前言中我们提到的，曾在斯坦福大学商学院任教，

第六章 他山之石

后来独立从事管理研究和教育工作,全球颇有影响力的大师级人物吉姆·柯林斯,曾带领他的研究团队,对出现在《财富》500强排名榜上的100多家公司进行搜索筛选,依据之前连续15年业绩等于或低于市场水平,在某一个转折点之后,却连续15年业绩至少是市场平均水平的3倍以上的标准,最终选定了11家所谓从优秀(其实是普通)到卓越实现了跨越的公司。并将这11家从普通到卓越的公司与精心挑出的对照公司进行对比,研究"这些公司有哪些共同点令他们区别于对照公司"。研究的结果发现,这11家公司的掌舵人,都是所谓的"第五级领导者"。第五级领导者的基本特征就是"身上混合了极端谦逊的性格和强烈的专业意志这两种素质"。与此同时,2/3以上对照公司都出现了自我意识过于强大的领导者。第五级领导者身上的这种悖论还包括以下的特征:

其一,他们创造了杰出的业绩,带领组织实现了从普通到卓越的跨越,但同时,他们变现出令人折服的谦逊,回避公众的恭维,从不自吹自擂;

其二,他们表现出不管有多大困难,都会勇往直前的决心,但同时,他们冷静、从容,依靠制度标准而不是鼓舞人心的个人魅力调动员工;

其三,他们设定建立伟大的企业的高标准,但同时,他们也注重培养接班人,为公司获得更大的成功打下基础;

其四,失败时,他们照镜子,承担责任,从自己身上找原因；成功时，他们看窗外，归功于他人、外因和好运气。

看起来第五级领导者是充满了表面矛盾的领导者。不仅如此，柯林斯在书中还提到了第五级领导者之下的其他四个级别：第一级，能力强的个人；第二级，有好的团队协作，能为团队做出贡献的成员；第三级，有能力的经理人；第四级，有效的领导者。柯林斯后来在和刘澜老师的一次沟通中还特别提到：第五级领导者也需要有下面四级的长处——个人能力、团队协作能力、有效的管理力，以及更高一层的方向愿景性的能力。与此同时，第五级领导者还能够超越对自我的执着，兼具谦卑和对事业的执着两方面特点。

这其实就是"有我"，但同时又具有超越了"自我执着"之后的"无我"的状态。他们谦逊，他们冷静，他们反求诸己、承担责任，都是近乎在"道"上做到了"无我"，即把自己放小，而有此心不动的效果。而他们的卓越，勇往直前和高标准，都是"术"的事情层面充满强大的力量，因时制宜而获得的结果。照阳明的话来说，不管是谦逊低调还是勇往直前，都是"义之与比"（按良知该怎么样就怎么样）的做法。按这样的分析，吉姆·柯林斯的第五级领导者的领导力，可以算作是"无我领导力"的典范了。

另外可以补充说明的是，柯林斯谈到了第五级领导者的"五项实践",这些实践也可以归纳到我们之前提到的如何处理"三种关系"的维度来理解。第一项是"先人后事",这个是"处理与他人的关系"。第二项是"直面残酷的现实,同时不要失去信心",这个实质上是指"处理和自我的关系"。第三项是"刺猬理念":哲学家伊赛亚·伯林曾基于古希腊的诗句"狐狸多智巧,刺猬只一招",把刺猬形容为能够洞察世界核心本质模式的人,而核心本质往往是简单而并不复杂的。作为第五级领导者,也要善于透过事物表面的复杂性,洞察世界的本质。这一点可以理解为处理"和世界(系统)的关系"。第四项是"纪律文化",强调带人也需要通过管理机制(纪律)。第五项是"技术的加速器",表达的意思是技术只是一个工具手段,而管理的机制(带人)才是技术产生作用的基础。

第二节　马斯洛的自我实现者

马斯洛研究中提到的自我实现者,也可以算是"有我"和"无我"统合的一个体现了。

马斯洛是美国著名的心理学家,主张"以人为中心"的心理学研究,被称为"人本主义心理学之父",曾担任过美国心理学会主席。他最著名的理论是心理需求层次理论的框架,认为人主要的心理需求由下到上分成生理需要、安全需要、归属和爱的需要、尊重的需要、认知和理解的需要、对美的需要和自我实现的需要，等等。其中，他认为满足了最高层次自我实现需要的"自我实现者"是充分发挥了自己的潜力和创造力，能够充分、忘我，而集中全力、全神贯注体验生活的人。我们来看一下他看到的"自我实现者"的一些特征。

1. 如实客观。对现实更有效的洞察力，看待事物客观、准确。原来看事情是戴有色眼镜的，现在摘下眼镜了；更能够（愿意）去考虑更大、更远的事情，但又脚踏实地，不来虚的。

2. 不纠结。淡定，自在。与别人在一起时也感觉舒服。

3. 强大的内心自我。内在有自己的想法，但外在并不特别特立独行。现实的规矩和习惯该怎么办还怎么办；超然独立，喜（能）独处，但不是不喜欢热闹；满足和成长来自内在，不依赖外界。赞不特别喜，毁不特别烦。

4. 有所谓心理上的"高峰体验"。内心充满喜悦、敬畏、惊奇、有力量；于庸常处能见美丽。能感受到一次普通日落的美妙，能惊叹于一朵花开时的神奇。

5. 同理心。情感上能体会到他人的感受，有感同身受的慈悲心。

6. 谦逊。知道自己懂得太少，毫不做作地向别人学习。

7. 信仰。是有信仰的人，但同时也许是无神论者。信仰可以是自然世界伟大神奇的力量，而不是拟人化的神（如上帝）。

8. 随缘。做事的手段可以成为目的，即纯粹欣赏"做事"的过程。

9. 放弃对人性的幻想而对人性有信心。

10. 普通。最后一点，他们绝对是世俗意义上的普通人（并不都是有钱人，当然能有基本的生活物质保障）。他们会有愚蠢、顽固、浅薄的虚荣和骄傲，有时易怒易暴。只是出现这些情况后能够或快或慢地恢复到平和状态。

其实很久前看马斯洛的这些文字是很不以为然的（想想看自己是有过多少愚蠢的不以为然啊）。再反复学习和理解了阳明心学之后，确实相信"致良知"而臻于"无我"境界之后，可以成为这样的状态。而于现实生活中，我从阳明心学的修悟者中也看到了有这样特征的人。

第三节　U 型理论推动有效决策

我们在前面谈到"无我领导力"的"四有"模型时，已经介绍过"U 型理论"，现在我们再更具体地聊聊"U 型理论"如何推动"有效决策"。现代管理学之父彼得·德鲁克先生在其非常著名的《卓有成效的管理者》一书中，重点谈到了有效决策在管理中的重要程度，并论述了有效决策的几个关键因素。德鲁克的管理理论有其独特之处，其讲实务不务虚，往往强调凡事可通过学习和练习做到，并不需要去找到什么天赋禀异之人，由此使得其理论有较为广泛的接受度。

比如谈决策，他提到有效决策的五大要素如下：

第一，辨明问题的实质。

第二，想清楚决策最基本的目标是什么，即最低限度应达到什么目的，应满足什么条件。用科学术语来说，也就是所谓的"边界条件"。

第三，思考解决问题的正式方案。

第四，方案要同时兼顾执行措施，让决策变成可以被贯彻的行动。

第五，在执行的过程中要重视反馈，并进行可能的调整以确保有效性。

这样的描述和说明很实在，一看就懂，毫无玄虚的地方。在论述的过程中，德鲁克还提到很多实际的建议和方法，比如："决策作为一项判断，经常会是'大概是对的'和'也许是错的'之间的选择""决策不是天天要做；决策要慎重，但一旦想清楚了，就要有效执行""如果一个管理者天天做决策，那他一定是无能的管理者""有时候要问自己，我们是不是真的需要一项决策？有时候不做决策也是一种决策""决策不但需要判断，更需要勇气"。

上面都是很有道理的观点，我们也理解决策的前提是要辨明问题的实质，或者是要思考合适的方案。我们当然也了解有时候做一个决策需要额外的勇气，可是我们仿佛

第六章 他山之石

还不知道如何能够去更好地辨明问题实质，如何去增加我们原来可能缺乏的勇气。是不是找一个小本子把德鲁克的建议记下来，具体实践的时候一条条对比着做就行？

在这本书中，德鲁克开宗明义提到"本书的主题是关于如何自我管理才能成为卓有成效的管理者"，所以问题的答案似乎还是需要每个人自己领会寻找。好比老师在课堂上提醒同学们"要好好理解题目的意思"，至于你该如何理解，那就是同学们自身能力的体现了。

要辨明实质，好比"如何理解题目的意思"一样，其实已经是涉及自我认知能力的话题。理解一道题目的能力自然并不复杂，而搞清楚模糊不清的现实的认知能力就没这么简单了。我们可以用 U 型理论来看如何让德鲁克提到的有效决策更好落实。

假设有某 A 公司的某项业务发展遇到了困难、挑战，管理者需要有新的决策来应对这个问题。让我们来看看利用 U 型理论如何来推动这个决策的过程。

第一步："悬挂"观点

管理者一定对导致困难、挑战的原因有了很多自己的判断，甚至很多时候基于自己的经验，管理者会认为这些判断自然是无可置疑的，比如这个方法有效，这条路走不通等盖棺论定的想法。可是这些判断一定是准确的吗？别急,先想象把你所有的观点判断"悬挂"在面前,你作为旁观者来观察它。这时候你先置身事外了,暂时不会被裹挟其中了。

德鲁克提到有效的管理者要分辨什么问题是战略性的,什么问题是真正的问题,而不是去马上"解决问题":因为第一步找出真正重要的问题是最关键的,这一步错了,后面自然都错了。

第二步:转化视角,转化心态,转化思考模式

第三步:放得下

彼得·圣吉把"转化"和"放得下"作为连续的两步,从某种意义上说,这两步其实也可以算是一大步中的两个有机的部分。

你需要更加以空杯心态看问题。

你要先放下你的惯性思维等,才可能形成真正的转化思维,否则,你还是把自己"固化"在某个角度上,而没有真正的转化。

你要放下你的纠结、成见、喜恶等许多莫名其妙的观念。

你要从"自动反应式"惯性思考中跳出来,从固化思维的局限中跳出来。

你也需要转化视角,转换为诸如下属、客户、对手等外界的角度看问题。

德鲁克认为有效的决策是从管理者的"见解"开始的,从见解开始,形成假设,收集事实进行验证。这里会有一个微妙的矛盾:完全没有见解肯定不会有好的决策,但是太按头脑中已经形成的见解又可能禁锢了自己的判断。所以这时候尤其需要转化和放下。德鲁克还特别提到,管理者应该有意"制造"相互冲突的不同意见,这其实也就是转化视角放下固定思维。

他还认为:"有效的管理者绝不认为某一行动方向为'对',其他行动方向均为'错'。他也绝不坚持己见,以自己为'对',以他人为'错'。有效的管理者第一步会先找出为什么各人有不同的意见。当然,有效的管理者知道世上有蠢材,也有恶作剧的人。但是,他绝不会将持不同意见者轻易地视为蠢材或捣蛋者,他总是假定任何人提出不同的意见,必是出于至诚。所以,某人的意见纵然错了,也是由于此人所看到的现实不同,或他所关切的是另一个不同的问题。因此,有效的管理者会问:'如果此人的立场果真正当、果真合理、果真有见地的话,此人的看法又将如何呢?'有效的管理者关切的是'理解'。只有在有了确切的理解之后,他才研究谁是谁非。"

这三步的过程,可以帮助我们界定真实的问题及其原因。比如对这家企业而言,业务增长不好,可能是战略方向的问题,也可能是执行层面的问题。

战略方向可能包括：我们当前最核心紧急的任务是什么？我们是不是很清晰地知道应该聚焦面对什么市场，提供什么样的产品服务？我们的核心能力和业务模式是否支持持续的发展和增长？如何来构建需要的核心能力和业务模式？执行层面的问题可能包括：销售拓展、产品竞争力、客户服务、团队执行等，再或者可能是市场大环境下大家都不好的现实情况所致。

弄清了问题及原因，下一步你要确定决策最基本的目标是什么，要满足什么前提条件才能达成这个目标。我们在实际中会有非常多的局限性，资源的短缺当然会让你不可能凡事随心起舞，所以这时候我们需要的是合乎实际和理性的目标选择。在这样的基础上，你和团队经过充分的斟酌，应该可以比较容易形成一个有针对性的、相对明确的、可以供最后决策的解决方案。我们再继续讨论如何推动决策落实。

第四步："拿得起"

"拿得起"是决策者内在微妙的一种心理状态，是指内在有力量、有勇气去承担压力。做决定改变比什么都不做、毫无疑问需要更大的勇气，因为改变也意味着风险。但同时决策者可能需要认识到，如果不改变可能有更大的风险。所以能够"拿得起"，也意味着决策者已经清晰地想明白了这个逻辑。

如何才能有"拿得起"的勇气？我们前面已经提到过，彼得·圣吉说要"体悟当下"。通俗地讲，很多时候你缺乏勇气，有太多的担心和恐惧，其实都是没有太多意义的胡思乱想，这些胡思乱想是你的一个个杂念。当你被裹挟其中的时候，你以为那就是"你"，但其实细微之处，你可以去体会到你还可以有一个更加清晰和有力量的你。中国传统文化经典《尚书》中说：人心惟危，道心惟微。所以可以把杂念称为"人心"，而更加有力量的你叫作"道心"。

那如何能体会到呢？彼得·圣吉说的"当下体悟"，一个关键词是"体悟"。不要再用大脑思维去东想西想了，放下所有的念头，去体会那种"没有杂念，心无挂碍"的感受，体会到了以后，你才可能在总是被杂念搞得心烦意乱的时候，回到这种心无挂碍的状态中来。

在这种状态下，你会发现，很多的担心和恐惧其实是很可笑和没有必要的，那时候生出来的勇气，不是要"偏向虎山行"的鲁莽，而是一种"心里大致有数，也愿意接受可能概率的风险"的智慧了。因为这世界上本来就不存在没有风险的事情。

我们说了一大堆，最核心的其实是说中国传统的智慧精髓是相通的。

第五步：直觉决断

上一步提到我们需要勇气，并不意味着我们会草率行事。如果你总觉得没有想好，那就再等一等，等你的直觉告诉你何时可以做决定。简单地来讲，这里的直觉判断并不是你刻意"想"出来的，而是忽然从脑袋里掉出来的，你会忽然觉得——就该这样做。

德鲁克提到："如果他的确尚未了解清楚，他也不会冒冒失失地决策。有效的管理者都知道希腊哲人苏格拉底所说的'守护神'，那是潜藏在人身体内的'神灵'，其不断提醒我们'千万要小心！'……但是，通常在最后总能'豁然开朗'。"

第六步：行动及调整

德鲁克认为："最费时的不是决策的本身，而是决策的执行；一项决策如果不能付诸行动，就称不上是真正的决策，最多是一种良好的意愿……事实上，一项决策如果没有列举详细具体的行动步骤，并指派为某人的工作和责任，那便不能算是一项决策，最多只是一种意愿。"

从更加可执行的角度，德鲁克还认为"决策行动必须与执行人员的工作能力相适应"。

第七步：形成制度以确保持续实践

形成制度是确保决策持续落实推行的重要一环。制度需要有监督、有反馈，还需要由领导者亲自督查。

当然，制度也可能需要在执行中根据变化的情况进行优化调整，那可能意味着新的变革的开始。所以这是个U型结构，但这也需要形成一个闭环。当我们意识到环境已经变化时，我们就要回到第一步——"悬挂"，重新开始审视可能的策略。

在这个过程中，要注意不要因为在变革的执行中遇到阻力和困难就放弃或改变。再有新的变革的时候，那一定是政策不再适应现实需要的时候，这里面的分寸把握，就要看管理者的功力了。

再次需要特别说明的是：U型七步法中，最核心的是"当下体悟"的环节，你要能够体悟到自己的"大我"。这个感受明白了，你不但有了勇气，其他问题也自然都会迎刃而解，否则你依葫芦画瓢把七步走下来，可能会觉得收获不大。

结语

德鲁克提到管理者的工作是要卓有成效的，而卓有成效是可以学会的。有效性是一种自我的训练，通过自我训练所获得的自我提高，是组织发展的关键所在。自我提高的关键是自我认知模式的升级。U型模型七步法：悬挂—转化—放得下—拿得起—直觉决断—行动及调整—形成制度。好好在当下体悟你的道心，然后尝试在具体事情上练习七步法，让自己的认知模式升级，从而让自己的决策更为有效。

第四节　教练式领导力

> 教练所要求的核心能力，就是要那些选择作教练的人，在进入教练状态时，立即进入"无我"，而全神关注对面那个他者，完全与他同在，想他所想，感他所感，甚至抵达他所不自觉之微妙深处。目的只有一个：激发他的本自具足的潜能。
>
> ——吴士宏

我们这里提到的教练式领导力的教练方式，是指通过提问，让被教练对象对自己的内在有体验觉察，然后因为有了觉察而能够提升自己的内在能力（赋能），从而可能去实现某种目标。这里面有三个关键词：提问、提升能力、目标。"提升能力"里的能力，不是外在的知识或者做事的方法层面，而是内在的认知或者心智模式层面。

教练可以说是"无我领导力"非常具体体现的场景。

作为教练，由于其核心是要让对方有体验觉察，所以在其沟通的核心过程中，应该是在一种"我没有执着的立场和观点"的近乎"无我"的状态中。"我"是空杯的，也是开放的。从这个角度上讲，教练的自我觉察能力足够重要。教练需要随时提防自己滑向某个执着的立场。

第六章 他山之石

吴士宏在她有关教练式领导力的《越过山丘》一书中道："教练，也要时刻留意靶心，而这个靶心，就是教练的初心和哲学，即平等的关系，无我，激发教练伙伴。伴舞，而不是表演！"

吴士宏还说："我有了一个发现：与客户同频其实一点儿都不难，隔着电话都能做到。"当教练做到共情、无我、专注于客户时，想不同频都难。

同时，另外一个关键是：被教练对象也要是开放的"无我"状态，不执着固化于自己的立场和观点。如果被教练对象是一种自我防卫的心态，不愿意进行坦诚的沟通，那可能说明在那个当下，暂时不是特别合适进行教练沟通的时机。

教练的方式可以被领导者用来当作一种影响团队的有效方式。这种影响本质上是领导者激发出被教练对方的潜在能力，而使得其能够自我启发和自我激发，从而实现自我影响。正因为是自我影响，被教练对象的接收度和执行度也会是最佳的。

下面更详细的一些要点介绍，也许可以帮助大家更好地理解教练。

教练首先是一种心态，相信对方和你是平等的。从这种思维出发，你和对方的交流才是真诚的。这也是教练的核心原则之一：我相信对方是自己有潜在的能力和资源解决问题；同时，我也相信对方凡事都是出于善意的；而且对方可以做出的选择和决定，也都是在那个当下他可以做出的选择；此外，我们还相信对方是一定可以具有不断成长改变的心态的。

因为教练的无我和包容，我们可以给对方足够轻松信任的环境，这是教练沟通得以开展和有效的一个前提基础。如果教练对象无法让自己处于一个开放信任的状态，那么再精妙的教练技巧也会无从施展。

教练具体的开展方式是通过交流沟通（更多的是提问），实现帮助别人提升能力以达到某个具体目标。"深度倾听，有力提问"，是教练常用的手段和方法。

提问，而不是给建议，是为了让被教练对象创建自己内在的体验。教练的理念会认为：人们遇到问题，如果只是需要一些具体的方法，那么人们自然会解决面对，而这些问题会给被教练对象带来困扰，其根本是因为被教练对象内在有了纠结，或者卡在了自己的一些心智模式中。这时候，教练完全地放下自己，安住于无我的状态下，只是创造给对方体验自我内在的机会，然后生出需要有的信心、勇气，或者创造出自己对解决方案的觉察，以及因自己的觉察而会生出的责任。

教练在辅导过程中，可以根据需要提出各种不同的问题，而这些问题的核心出发点，都希望能触发被教练对象自己的体验觉察，通过他自己的觉察去领悟一些东西。这些东西是别人给他"讲"，他也不一定听得进去的。相关的提问可能会有：

- 我们今天的沟通，你想要得到的成果可能是什么？
- 这个为什么对你这么重要？
- 你会如何知道自己已经得到了这个呢？
- 假设你在一年后已经达到了自己的目标，你会有什么样的感受？
- 如果你是对方，你的感受是什么？
- 你现在的觉察是什么？

……

所以说，教练的本质是关注"人"，而不是"事"。即使我们在谈"事"，也是借事修人。当然，当我们把教练放在商业的环境下，作为领导者的一个领导工具时，我们会对事情的结果更加看重。通过教练的方法，把所谓的"猴子"扔给对方，让对方自己思考和找到解决方案，都是合适的且有价值的做法。但是需要了解的是，如果对方的内在有改变和提升，那么才意味着更本质能力的提升。

第五节　禅修探讨和故事隐喻

禅修不是一个纯粹的宗教概念，不是要你去当和尚，也不是消极要"出世"了。事实上，禅修可以帮助你更好地"入世"，更积极地去面对人生。

严格地讲，禅修是一种过程，通过这种过程，你可以争取去形成并习惯于某种思考的方式，这种方式能够让你摆脱各种自身念头习性的控制，知道这些念头及由此产生的情绪都是虚幻的，从而能够产生一种"没什么大不了"的心态。

禅修不仅是打坐，而是随时可以进行的。随时专注于当下在做的事情，都是某种意义上的禅修。由于专注于当下，于是你不会被许许多多下意识的念头所控制。比如很多人总是会有隐隐的压力和不安的感觉，这实际上是你的意识或者潜意识中的一些念头在作怪。

禅修还有一个好的作用是可以产生一种跳出你下意识之外的明意识。在你的明意识观照之下，很多让你产生压力烦躁和不安的意识曝光了，如此反而就显得可笑而没那么危害大了。

禅修会使你达到"没什么大不了"的境界，于是你在和人交往时会变得非常有弹性而随和。于是你的人际关系会很好。为什么有弹性,因为你内心有力量了;为什么有力量,因为你知道"没什么大不了"。于是你没有什么害怕失去的了,比如你不害怕失去"面子",不害怕会显得"自己无能",显得"自己没用",显得"自己很差",显得"自己卑微"。所谓"无欲则刚",因为你没有什么害怕的了,于是你很自在了;因为你很自在了,于是别人也自在了。当然,与外人交往该有的方法你还是会有,比如应该照顾别人的情绪和面子;不过于直言不讳地刺伤别人等。这个属于情商的范畴。和你"没什么大不了的心态"可以并行不悖。

禅修中有"止"和"观"。"止"是让心平静,没有纷繁而至的念头;"观"是让你洞彻现象本质的智慧。当你的明意识做主的时候,那些潜意识就掀不起多大的风浪了。对付情绪也可以用这种方法。于是你可以努力做到"止"了;如果你先理解了"出离心""虔诚心",头脑中觉得应该可以"很喜悦、很热忱"(实际上只是觉得应该,你并没有真正体会到)。你觉得你自己会有,于是你就有了。意念的作用比我们想象中的大。

对很多人来说,点起一支烟,看烟雾袅袅上升的时候,其他的压力烦恼一瞬间便置身事外了,会很轻松,这其实也是一种禅修。有些特殊的戒,比如吃素,也是给你心理暗示,帮助你禅修。

禅修不是非要闭眼睛,你可以把念头专注在一个具体的事物上，比如一朵花或走路时脚底的感觉。

当你禅修渐渐深入的时候，由于你专注于内心，觉得"没什么大不了"，很多外物将不再有原来的吸引力了。很多情绪也不再那么容易出现了。最高境界是达到"天道喜乐"，也就是所谓的"一念天堂"。

人痛苦的根源就是执着于头脑思维里的各种念头，把这些念头当作"自我"。安住于当下，观照你的各种念头，接纳它的存在但是不执着于它，别把它当作"你"，别让它控制你，在某种程度上你就自由了。

你有没有发觉，从方法功能的角度上，心学和禅修有很多类似之处。

故事：西游记中的修悟之道

> 欲知造化会元功，须看西游释厄传。
> ——吴承恩《西游记》

我们所有人熟知的《西游记》，其实是有关个人成长修悟的非常有深意的一本小说。吴承恩绝对是个得道高人。唐僧师徒中，孙悟空代表的是"心"，白龙马代表的是"意"，所谓"心猿意马"；八戒代表的是我们普通人正常的"欲望"，沙僧代表的是理性的"我"，有规矩而无趣；而唐三藏，则是我们的那个"大我"。师徒五人去取经的过程，就是我们

第六章 他山之石

人生修悟成长的过程,这个过程需要我们经历"九九八十一难"的磨砺;最后到了西天,师徒最初拿到的"无字真经",其实并非被刁难,所谓"真经",本来不需要什么文字概念,而是自己体悟所得。可惜师徒并不理解。

在《西游记》第六十二回"涤垢洗心惟扫塔,缚魔归正乃修身"里还有个非常有趣的故事片段,也是隐喻了我们成长淬炼的真意。

话说师徒四人在西行途中经过祭赛国,国中有一个寺庙叫金光寺。金光寺中有一个宝塔,放在宝塔上的宝物舍利子莫名失踪,国王怀疑是寺里的和尚偷了宝物,把诸多和尚都抓了起来。唐僧带着悟空去扫塔,一是离开长安时就立下"遇寺拜佛,见塔扫塔"的承诺;二也是为了表达诚意,希望佛祖显威,找到宝物失踪的原因,好还和尚们清白。

书中写道:"与行者开了塔门,自下层望上而扫。只见这塔,真是峥嵘倚汉,突兀凌空。正唤做五色琉璃塔,千金舍利峰。"随后书中描述了塔里的破败景象后,又写道:"三藏发心将塔扫,管教重见旧时容。唐僧用帚子扫了一层,又上一层。"

这是个有趣的场景,唐僧扫楼梯是从下往上一层层扫,这样岂不是很难扫干净楼梯吗?下面扫好,上面台阶的灰尘又会掉下来弄脏;而且明明是扫的塔,为何本章的标题是"涤垢洗心惟扫塔"?

这是因为,扫塔其实是一种祭拜和修行,是为了洗心的修行。塔所寓意的,有佛家自我提升的含义在里面。

北京邮电大学赵玉平老师对这个故事进行了解读,他用十二个字来说明——"低点起,当下净,回头脏,平常道"。我认为很有道理,记录下来,供读者们体会。

人生本是一个由低到高的过程,就像这个楼梯一样。所谓"低点起",我们不可能到了人生的高处再来修行悟道,你开始修行的地方,成长之后再来看就是一个低点,这很正常。想到了,我们就开始做,不要担心不够好,好是需要在做中完善的。所谓"当下净",是指我们要在每一个修习的当下做得最好,打扫干净,这是修行的真谛,这点我们在前面也探讨过。所谓"回头脏",是说当你回过头去看过往的时候,总会看到自己许多的缺点、不足和遗憾,甚至污点(所谓的脏),这是正常和值得恭喜的地方,说明你成长进步了。如果你看不到不足,反而说明没有进步,需要检讨。所谓"平常道",修行之道,不过在平常洒扫庭除之中,而且修行的过程,结果反而并不是最重要的,行走坐卧的过程中,就已经自有"道"意。

掩卷时刻:
我理解的这一章各部分内容的内在联系是什么?

下部

企业实践

第七章
企业领导力

第一节 体验华为

笔者有幸在华为早期开始高速成长的阶段进入华为,经受公司"以客户为中心"的文化熏陶和高压力工作环境的淬炼。这种熏陶和淬炼,也给了笔者后续职业发展中最为宝贵的心态和能力,让自己能够在充满挑战的环境中生存发展。同时还有机会结交了一大帮华为的同事朋友,这些同事朋友后来很多人都成长为华为各级的高阶主官,还有一些后来离开华为也成为不同领域的翘楚。而且,因为当时负责的市场的战略地位,所以有机会接触了包括任正非在内的公司诸多高管及团队,广泛而深刻地体会了华为领导者的方方面面。这些都为笔者后来进入企业管理咨询领域,探寻优秀企业领导力研究提供了最为感性和实践的体验。

笔者刚进入华为是在某直辖市,那时华为在该市的销售技术售后服务分散在不同的几个写字楼里。销售业务所在的办公室顶多一百平方米的空间,常驻的人不多,加上领导在内也不过十多人。但是业务已经颇有起色,部分产品线已经进入主流客户市场,还成为国内市场的一个标杆,在客户机房还建立了一个样板点,时常接待各地客户的参观。

领导印象:简单平常

如果说那时候大家都已经知道公司若干年后会成为当之无愧的世界第一,那自然是胡说。但是那时公司确实已经是一家生气勃勃、大踏步向前的朝阳企业。员工都很有活力,办事处都是初生牛犊的年轻人,一个劲往前冲。公司后勤考虑很周到,平时吃住在公司租的宿舍,一日三餐有阿姨做饭,有几辆带专职司机的车负责员工各种出行。因为大家都不是本地人,所以一门心思都只在工作上,干起活来不分昼夜。

总部经常有各种同事和领导过来,都是风风火火的状态,大家不是在见客户,就是在去见客户的路上。领导们都没有什么领导架子,都是很平常的样子。有一次在办公室里碰到一个个子不高,似乎比我还年轻的小伙子,我和他聊天,问他要张名片,对方慢腾腾地从裤兜里掏出一张已经有点皱巴巴的名片给我。我一看，对方竟然是华为某电源子公司Z总裁，后来转战集团各部门，现在也是公司总部负责一项核心战略业务的鼎鼎大名的人物。

还有一次，当时公司产品部的领导F总在上海支持项目拜访客户，F总当时是公司核心的高管。那次见客户和团队几个人从客户办公楼出来后，F总说请大家一起吃饭。正好路边有一家看起来还不错的饭店，F总指指这家饭店问我："吃一顿大概多少钱？"我其实也没在这家吃过，但看装修不错，于是凭感觉回答："这家应该蛮贵吧。"F总犹豫了一下，转头看到旁边还有一家门脸很小的饭馆，是普通居民楼的底层改建的，于是说"去这家吧"。大家便依次进去。里面很小，还搭建了天花板很低的二楼。我们上二楼找了个位子开吃。吃得差不多的时候我下楼去偷偷把单结了。临结束了，F总叫买单，服务员指着我说已经结账了，F总看看我，还指了我一下，不太高兴的样子，说平日里按规矩都是他买单的。

印象比较深刻的还有P总，矮矮壮壮的，是当时公司某核心产品线的领导。一个U运营商的大项目，请他多次拜访客户支持，但是项目比较棘手，结果不可知，以至于有一次又请他过来。我在酒店等他的时候，他远远看见我就大声说："你老是忽悠我们过来，事情行不行啊？"直截了当，一点虚的都没有。好在后来有惊无险，大项目成功拿下，我算是交了一个差。还记得我接到电话说我们赢了的时候，我兴奋地大叫一声，一跃而起，把旁边人吓了一大跳。那是一种极端压力的释放和宣泄，那种感觉刻骨铭心。

还有我离开华为时的办事处兼职领导 X 总，也是喜欢见客户的类型。言谈之中谦逊自然，却也气场十足。记得最清楚的是有一次公司几个人一起吃午饭时他说的那句话，"老板说让我做华为公司总裁，我说你让我做，我就做"，霸气十足。当时大家自然是没啥感觉，听过算数，自然也没想到若干年后 X 总确实成为公司最为核心的高管。

总之，公司的高管，都是很普通的样子，也足够低调，或者也不能说是低调，因为低调还有点刻意为之的意思在。当时感觉华为的高管自然就是很平常、不张扬的样子，似乎也谈不上有多大的个人魅力和光彩，大家谈事、相处时也都很随意，没有太多的条条框框。

一切围着客户转

公司领导还有另外一个共同的特点，都是围着客户的事情在忙，感觉不是在见客户，就是在去见客户的路上。包括我们在某市常驻的同事们也是这样，每天压力巨大，而一切的压力来源就是你是不是能够从客户那边拿到合作的机会，以获得相应的业绩。不过这种压力反过来也是成长的动力，因为这种压力逼得你不进则退。同时公司敢给压力，也敢给机会。笔者当时工作没几年，就已经可以独立去承担许多工作任务了。

其中印象特别深刻的是迎难而上、从0到1的拓展经历。

那时某市有三家运营商，我之前在负责T运营商公司的团队，工作推动得不错，T公司的业绩蒸蒸日上。另一家U公司却是一直有待攻克的新市场，潜力颇大。公司看我之前工作表现不错，虽然我当时还非常年轻，但是还是调我去负责U市场的团队。从这时开始，算是独当一面，带领团队开拓合作关系，挖掘项目机会，协调资源参与推动项目机会的竞争。而且最具挑战的，是要直接去接触客户总经理、副总经理等一众高层，要负责和他们建立良好的关系，以推动整体合作的进展。

U公司从成立伊始以和几家外企合作为主，较早一批领导层对华为似乎不甚感冒，中间层也是相对比较认可成熟外企、国际大公司的实力。对华为好一点的是将信将疑，差一点的可以说是不屑一顾。我还记得一开始参与一个项目的竞标，带了技术团队去和基层交流。一位基层领导斜着眼睛看着我们，用以为我们听不懂的方言对旁人说：华为，啥公司，行不行啊？我们感觉一切举步维艰。

不过我运气算好，正好不久后客户大领导换人。我虽然年龄不大，但也许是初生牛犊不怕虎，想办法利用一切机会去和客户的领导层汇报交流，一来二去客户对华为建立了还不错的印象，对我个人和公司的信任感都逐步建立起来，交流也就自然越来越畅通。

那个时候公司就已经有了销售推动的几个有效方法（标准动作）：一是请客户领导到访深圳公司；二是邀请客户到全国各地我们成功的样板点参观；三是进行绝对以客户为中心的技术交流；四是安排公司高层领导和客户领导会谈、交流。这些方法我们一个不落地用上。我们陪客户各级领导到深圳参观公司，过程中客户对公司印象大为改观，不知不觉大家也都熟悉起来，有的还成了朋友。在这样的基础上，我们慢慢开始参与客户相关新项目的竞争。

公司的技术团队也给力。有一次，一个移动网核心的项目竞标，公司研发的核心团队（中研）直接派人到市里与客户沟通交流，结果技术排名我们超过几家外企，排名第一，最后成功中标。

现在回过头来看当年取得的进展和成果，感悟还挺多。我们之所以能获得客户的认可和非常不错的业绩，公司对客户有效的整体支撑无疑是最关键的原因；产品核心技术团队支撑确保客户的信任基础；公司领导、高管的全力支持给客户信心加持；服务团队的及时贴身响应服务进一步让客户有信赖。

而我们的一线团队，恨不得以客户、公司为家，清晰把握战局，根据战况协调资源、聚焦推动，也自然有重要的作用。在这个过程中压力是巨大的，困难当然也不小，在压力下还能够想方设法去战胜困难甚至超越困难，这个过程客观上是对自己心态和能力上巨大的磨炼。

华为现在已经是当之无愧的国际领先企业，其"以客户为中心，以奋斗者为本"的核心价值观也已被业界耳熟能详，广为学习。现在想起来，多年前华为确实就已经在扎扎实实这么做了。"以客户为中心"是每一天工作的准则，我们作为负责客户的销售团队，基于客户的需求调动资源，上至任正非总裁，下至工程师，好像似乎都没有那么困难。公司的高管一直在见客户，华为每天都有众多的来自全国各地（现在是全球）的客户到访深圳。客户晚上的饭局，也基本会有公司层面的高管参与接待，客户需要的创新方案，公司的研发团队会直接响应。记得有一次，客户提出一个很重要的需求问题时，已经快到春节了，为了以最快速度响应客户需求，公司研发团队特别安排了一个小团队在春节期间加班赶了出来。当年我们突破中标了客户核心系统的项目，为了确保产品的稳定正常，研发团队专门安排相关人员常驻客户现场支持过渡，等等。其核心的逻辑，无外乎是要让客户满意。当然，现在公司大了，应该有更成熟的制度安排，但是这其中内在的宗旨还是如出一辙的。

"以奋斗者为本"其实也是"以客户为中心"的体现，你为客户创造了价值从而让客户获得了价值，你就是奋斗者。华为说"以众人之私成就众人之公"，华为首先是承认"自我"人性的合理性，所以在评价价值分配层面，充分体现对奋斗者自我的尊重，给予其足够的物质和精神的激励。

个人体会

华为对管理者也好，员工也罢，首先要求的是"有"，要有对结果很高的要求、要有足够的能力（否则也拿不到结果）、要有极大的压力。

能够扛得住公司这么多、这么高要求的员工，都是"有"足够能力的人，都是公司看重的以之为本的"奋斗者"。以"奋斗者为本"的另一面是当你不能成为有绩效成果的奋斗者时，就不但不是"本"，甚至可能在公司立足的机会都没有。当时华为在某市的团队一直人员流动颇大，有的是业绩不行被迫离开，有的是自己受不了太大的压力主动离开。同事来来去去，大家也都觉得是一件很正常的事情了。

有这么多有能力的人，创造出华为这么高的持续增长，很快就有了很多"傲娇"的干部员工。有脾气大了懈怠的，有觉得自己"牛"了就不太把客户放在眼里的，也有碰到一些委屈就受不了而离职的。这时候感觉某种意义上，往往不是多厉害或多聪明、能干，而是你多有平常心或多能扛得住、坚持得了，决定你能走多远、走多高。有一些当时看起来似乎很平常、很谦逊，也更能够坚持的人，现在在公司平台上都有了自己事业足够广阔的空间。

公司后来之所以把自我批判提到了足够高的层面,在公司层面也好,对干部员工个人也好,都是有好处的。如果要想成长优秀,一方面我们自己要够"强大",但另一方面我们又不要"自大",否则于公司没法随需应变,于个人会因自大变得固执。这种自我批判是保证公司和员工能够开放而持续成长的不二之选了。

当然,任正非是已经领悟到"自我渺小"的人,他的领悟是历经人生历练之后的自我觉悟。对华为而言,一方面当然希望引导员工自我领悟;另一方面,从文化制度等诸多方面,主动引导或者被动强迫,让自我批判的人能够生存发展,而缺乏自我批判精神的人就自然淘汰。让华为整个干部员工群体都变成能够自我反思、自我批判,不再执着于"小我",而能持续进步成长。这样公司的成就才是可以持续的。

第二节 "有无"合一

无我领导力"有无"的双壁合一,才是"无我"领导力的本质和整体。如果我们光谈"无",最后可能就是空谈;但如果我们光谈"有",又落入了"自我执着"的坑中。只有"有无合一",才可能绽放异彩。我们现在先来看看一些优秀公司在"有"之方面的做法。

干部角色定位

先说华为,华为直接谈"领导者"这个词的时候并不多,华为更喜欢用的是"干部"这个词。华为把对领导干部的管理发展放在一个非常核心的地位。本质上,是华为一大批各级领导者卓有成效的领导力,支撑了华为多年持续的成长。

华为对干部有自己独特的一些理解,比如"干部是打出来的""宰相必起于州郡,猛将必发于卒伍"等。公司对干部是选拔制而不是培养制,你能不能晋升,取决于包括绩效结果(战功)在内的诸多考量因素。

角色定位

笔者从工作实践中看到的,华为把干部的使命和责任概括成了四个方面。这四个方面其实也可以称为干部的"角色定位",即作为干部核心工作要聚焦的几个方面:

- 践行并传承企业的核心价值观
- 聚焦客户需求和客户价值实现
- 开展组织建设、队伍建设和团队运作
- 开展端到端的业务流程建设和管理改进

我们可以把这四个方面提炼为四个词:"传文化""拿结果""带团队""优机制"。

对不同的公司来说,这四个词都有普遍意义,可以看成是自己公司里各级干部（或者叫领导者、管理者）的角色定位。当然，这个排序根据公司情况的不同和干部的不同层级而有所变化。比如对华为来说，因为其有足够清晰明确的"以客户为中心"的企业文化，所以华为更加倾向于会把"传文化"放在第一位。也许对很多成长型、创业型公司而言，可以把"拿结果"或"带团队"放在更靠前的位置。

华为对干部的角色定位，实质上和我们对领导力的定义是一回事。我们说"领导力"是"带人成事"，对华为来说，"拿结果"就是"成事"，"带团队"就是"带人"，合起来就是带着团队去拿到公司需要的绩效结果。同时，有效的管理机制流程是"带团队"的一种方式，"带团队"不但要人治，还要"法治"。机制流程就是公司的"法"，而"带团队"的最高境界是通过文化带团队。通过文化价值观熏陶影响团队成员的内在心智，润物细无声般让团队成员按公司所期望的方式行事，从而拿到公司所期望的绩效结果。

干部评价标准和能力模型

三个维度标准

在实际的工作实践中，华为是从三个维度建立干部的评价标准：文化＋绩效结果＋能力。

其中，践行核心价值观（企业文化）是衡量干部的基础，品德与作风是干部的资格底线；绩效结果是必要条件和分水岭；能力是持续取得绩效的关键成功要素，经验是对能力的验证。

这里的"绩效结果"和"能力"要求，都是要"有"，是华为要求干部的一个必要基础。而且华为把这个要求提到了足够的高度。华为的干部都要排名，排到后面一定比例的，就可能要从自己的领导岗位上下岗。

"干部九条"和"干部四力"

华为在领导力和人员素质评估等方面有过很多模型和提法，比如被大家了解的"干部九条"。

干部九条是华为和咨询公司合作开发了华为领导力模型，模型从三个维度提出了九条能力要求，简称"干部九条"。里面的逻辑可以这么理解：发展客户是目的，发展组织是支撑，发展个人是基础。只有干部自己成长了，才能把组织发展好；组织发展好了，才能把客户服务好；最后才能取得公司想要的业务结果。

"干部九条"具体包括：

发展客户的能力：1. 关注客户

      2. 与之建立伙伴关系

发展组织的能力：1. 团队领导力

2. 塑造组织的能力

3. 跨部门合作

发展个人的能力：1. 成就导向

2. 组织承诺

3. 战略思维

4. 理解他人

华为还提出"干部四力"：决断力、执行力、理解力、人际联结力。我概括地解读为：要能定事、能做事，还能搞明白事、能搞明白人。后面两点也是支撑前面两点的。

"干部四力"具体的内容如下。

1. 决断力（能定事）：要有战略思维，有洞察力（能洞察市场、商业和技术规律），并且善于抓住主要矛盾及矛盾的主要方面；同时，有担当，能承担风险，能在风险可控的范围内，抓住机会，勇于开拓，敢于决策和承担责任。

2. 执行力（能做事）：一是基于目标结果导向。有强烈的目标感，有计划、有策略、有监控。在问题和障碍面前不放弃，不断挑战并超越自我；在资源和时间的约束下出色地完成工作任务。而且要有自我批判精神。二是推动组织发展。组织运作、能力建设与持续改进，通过流程建设（一致性）、方法建设（有效性）和资源建设（人、平台），构建可持续性，提升组织建设能力。三是激励与发展团队。激励团队斗志，帮助他人成长，对人才充满热情。四是跨部门协作，即协调与推动。

3. 理解力（能搞明白事）：一要有商业敏感或技术理解。对商业敏感，理解业务的本质，洞悉业务的技术。二能够有跨文化的理解力。理解文化，了解和尊重文化差异，积极融合不同文化，求同存异，让不同文化背景的人成为同路人。

4. 人际联结力（能搞明白人）：一是要有开放性。人际交往方面具有开放性，光明磊落。二是能与客户建立伙伴关系。善于与客户打成一片，始终保持谦虚的态度，积极探索、及时响应，引导、满足客户与伙伴的需求，建立基于信任的双赢关系。三是和人打交道时有"灰度"智慧，避免"非黑即白"，当出现问题时，在坚持方向和原则的前提下，顾全大局，合理退让，寻求在迂回中前进。

我们可以看到，"四力"也好"九条"也罢，华为都是在谈"行为"、谈"要求"，这也是华为的风格，什么都是结果导向。同时只要你愿意，什么也都是可以相对清楚明白地去干。华为把听起来有点"玄虚"的领导力变成了浅显、具体的事情。

领军人才素质模型（摘编自《华为灰度管理法：成就华为的基本法则》）

作为对人才"有"素质能力的一个衡量标准，华为从2006年起引入了"主动性""成就导向""概念思维""坚韧性"和"影响力"五项素质模型。从下面的分析我们可以了解到"无我领导力"的"四有模型",如果我们具备了前面提到的"四有模型"中的各项"得",那么具备"五项素质"就是应有之义了。

素质一：主动性

主动性是指能够基于自我的认知,更加"以终为始"地去采取行动,并且承担起对行动的责任,而不是需要被动地听从别人的安排。

主动性可以分成四个等级：

1. 零级主动性的人不会自觉完成工作,需要他人的督促,不能提前计划和思考问题,直到问题发生才意识到事情的严重性。

2. 一级主动性的人能主动行动,自觉投入更多的努力去工作。

3. 二级主动性的人能主动思考、快速行动,及时发现某种机会和问题并快速做出反应。

4. 三级主动性是最高等级。这类人不会等着问题发生,而是会未雨绸缪,提前行动,规避问题,甚至创造出机会来。

素质二：成就导向

成就导向也是在强调成果导向。员工对未来有足够的抱负，并且基于抱负可以自我驱动地努力以达成目标。

1. 成就导向零级的人安于现状，不追求个人技术或专业上的进步。

2. 成就导向一级的人追求更好，努力将工作做得更好，或努力要达到某个优秀的标准。

3. 成就导向二级的人会自设富有挑战性的目标。

4. 成就导向三级是最高等级，这类人会在仔细权衡代价和收益之后，冒着经过评估的风险做出某种决策，他们为获得更大的成功敢于冒险，这也是我们经常讲的企业家特质之一。

"有担当"就有了主动性和成就导向

担当是能扛事，担当也是能成事，也可以说是能够"说到做到"。敢"说到"是勇于承担责任，能"做到"是有能力完成责任。

如果光说到而总做不到，往好一点想那顶多算勇气可嘉，往坏一点说那就是吹牛大王。但是有担当的人也不是每次都能说到做到，不过，当因为各种原因没有做到的时候，有担当的人会承担失败的责任，不推诿。在承担责任分析原因后，可以继续再来。

有担当意味着要够"主动"。主动是积极，主动也是凡事多想几步方法，主动还是一个要应时而动的智慧。

每一个当下都是不一样的新鲜的场景，我们没有绝对规定好的定法来应对。这个时候，只能靠自己来"主动"根据情况想办法。如果不主动，还是要靠"别人"推了才动，那基本上很难把事情做到一个理想的境界。所以华为把人的"主动性"放在人才素质的第一位。

主动还意味着你要想去"获得"，所谓"成就导向"，通俗说就是"你要"，你"有追求"。这是你可以主动努力的前提。有时候我们说一个孩子成绩不好，会说这孩子"不要"，他不想学，家长和老师再急也没用。当然，这里面的原因可能并不能怪孩子。这是另外一个可以展开讨论的话题。华为很看重人才"成就导向"的特质，认为是人才必不可少的一项素质。

素质三：概念思维

概念思维是一种识别事物本质特征的能力。在华为的实践中，概念思维也分为四个等级。

1. 概念思维零级的人不能准确而周密地去思考问题，碰到问题想不清楚，弄不明白。
2. 概念思维一级的人可以进行简单的类比。
3. 概念思维二级的人能触类旁通。

4.概念思维三级的人懂得深入浅出，他们不仅能将复杂事物一眼看破，还能高度总结成简单易懂的概念，让别人也能理解。

有洞察意味着有概念思维

"有洞察"首先可以理解为专业度。不仅在公司做业务，做任何事都需要专业度。专业度也是一个特定领域的"知"，不但知其然，也知其所以然。

有洞察还指"认知力"，心智模式会影响我们的认知。我们看事情，还要洞察现实状况本质，而不被心智中的已经存在的假设、判断、观念等所影响。能够基于每一个当下最如实的客观，做出合乎逻辑的判断，这种情况下，应该更容易看到问题的本质。本质有时候就是简单易懂的概念。

大多数时候我们遇到问题解决不了，是因为没搞明白问题的根本原因。

有洞察还包括要明白凡事都要知行合一。脑子里明白了可能不一定是真明白，做到了才是真明白。所以凡事要有行动力，要足够勤快，勤能补拙。勤快是成事的基础，说得再好，懒得去做都等于零。当然，勤快也要聪明有效的勤，不能像无头苍蝇一样。华为有著名的"三砍"之说：高层要砍掉手脚，中层要砍掉屁股，基层要砍掉脑袋。这个意思是说：高层不要以行动上的勤快去掩藏思想上的懒惰，要多思考；中层不能让屁股决定脑袋，不能太本位主义，要有全面协同意识；而基层团队，要勤快地跑动，有效执行，不要不在其位瞎谋其政。行动验证了的概念，才可能是真正准确的概念。

素质四：坚韧性

坚韧性是指在艰苦或不利的条件下能克服自身困难，努力实现目标。面对他人的敌意，能保持冷静和稳定的状态，忍受这种压力。

1. 坚韧性零级的人经受不了批评、挫折和压力，稍微遇到点压力就选择放弃。

2. 坚韧性一级的人"压不垮"。这类人在工作中能够保持良好的体能和稳定的情绪，能顶住压力工作。

3. 坚韧性二级的人"干得成"。这类人不仅能在艰苦的环境中顶住压力，重要的是一定能把事做成。

4. 坚韧性三级的人能通过建设性的方式消除他人的敌意或保证自己情绪的稳定，不受制于压力，还能把压力解除。

素质五：影响力

影响力就是指施加影响的能力，是试图去说服、劝服、影响他人，留下印象，让他人支持自己观点的能力。影响力同样分成四个等级：

1. 影响力零级的人影响不了别人；
2. 影响力一级的人用简单的道理说服他人；
3. 影响力二级的人能换位思考；
4. 影响力三级的人可以有能力于无形之中影响到别人，使别人接受其意见。

"有力量拿得起"就有了坚韧性和影响力

我们前面说到，无我领导力所具备的不动心，可以让我们更有力量，这种力量也来自"平常心"。

对商业公司来说失败是常事，对普通人又何尝不是如此。俗话说"人之不如意十之八九"，生老病死暂且不说，我们也有幸生活在一个和平年代，然而在日常学习、工作、生活之中，压力、麻烦、挫折，乃至人际交往中的各种不顺也都是平常之事。

华为有两个很有名的广告：一个是芭蕾舞者之脚，一只脚穿着舞鞋看起来高雅华贵，而另一只脱掉了鞋的脚却已是伤痕累累让人不忍直视；另一个是一架满目疮痍、布满弹孔的飞机，似乎随时可能解体而坠落。华为想表达的，应该是要说明成功的不易和现实的严酷。也许我们暂时改变不了现实，但是我们不能止于此，我们应该努力超越过去，努力改变自己的心态。这个时候具备平常心就是一个非常重要的能力和品质了。

平常心不是"躺平"的平,而是"因上努力,果上随缘"的智慧。你随缘了才能放下纠结、痛苦,更好地重新出发。这种智慧,不仅是对推动公司业务,而且我们人生的任何事情都是非常重要的智慧。

有了平常心可以让我们更加坚韧。上面提到坚韧的一个境界是压不垮,坚韧的更高境界是越压越勇、"干得成",坚韧的最高境界是可以化压力于无形。因为我们有了平常心,自然再大的压力对我们来说都是可以承受得了。人发展的天花板有时候不是能力决定的,而是承受压力的程度决定的。有时候,你能承受多大的压力,你就可以成多大的事。

有力量是因为有了平常心,同时因为有平常心,还可以让我们有"空杯心"。

"空杯心"有虚心的意思,但又不只是虚心。虚心是一种态度,很多人懂得做人要虚心,虚心使人进步,但是往往做不到。做不到是因为缺乏一种能力。我们自己内在的诸多成见、假设、执念把自己内心已经填满了,我们现在要做的是有一个觉察把自己骄傲的、已经填满的内心倒空。

如何倒空?你意识到了骄傲自大的自我,把自我放下了,内在就能倒空了。

比如你听到别人介绍华为的经验,下意识地可能会觉得没什么好学的,华为那么大,华为的行业和我们也完全不一样，所以不具有借鉴意义嘛。你的观点是有道理的，华为的具体的一些招数可能确实如你所说不能刻板地学，但是华为从两万元创业的小公司到今天几千亿元的规模，其成长中的核心精髓和智慧其实是大家都可以学习的。大道至简，大道也相通，我们要学的是"道"。

再比如还有的人可能觉得自己是高学历，下意识会觉得学历比你差的都没啥好学。这些观念和傲慢其实都是可笑的。我们能够觉察了、改变了，才可能做到把自己倒成"空杯"。

有了空杯心之后，你会觉得可以学习的地方太多了。可以向书本学，也可以向实践学；可以向朋友学，也可以向对手学；可以向成功学，也可以向失败学。你就会理解"三人行"，确实"必有我师"了。

有了空杯心就会自然而然有"诚恳心"。俗话说做事先做人，做人首先要以诚待人。有诚意了可能不一定能成事，但是没有诚意别人一定不会喜欢和你打交道。做企业讲一个品牌，个人也有自己的品牌，你的口碑就是你的品牌。别人觉得你"人不错"，才会愿意和你变成朋友，长期交往。

把骄傲的自我放下之后，我们更可能有"同理心"。同理心也是可以训练的，毕竟天生缺乏感受他人能力的人应该是极少数的。大多时候，我们不愿意站在对方的角度去考虑问题，可能不是我们"不能"，而是我们"不想"。

大多数人同理心不够，一个原因是自我管理能力不够，天天心烦意乱、心不在焉，难得静下心来体会感受别人。如果自己先能够处于一个心平气和的状态，然后凡事有意识地换位思考去感受别人，而且真心理解、尊重、包容他人，就可以更好地做到有同理心。

有了具有"空杯心"的以诚待人和足够的"同理心"，我们才有可能更有效地具备对他人的影响力。

第八章
企业无我领导力实践

> 华为的顶层设计,并不是建立一流企业,而是每个人的自我超越。自我超越之道,就是造物之道,就是意念转化之道。
>
> ——王育琨《任正非找北》

说起"无我领导力"的实践,有很多优秀企业可以借鉴,比如海尔、华为、胖东来、稻盛和夫的京瓷。

我们说领导力是"领导者带人成事",我们还说领导力是"有"和"无"的和谐统一。领导者要"有"强大的自我,所以能够"带人成事";领导者又要能够达到"去除自我执着"的"无我"境界,所以能够持续更好地"带人成事"。

在中国企业家群体中,海尔张瑞敏无疑是以富有思想著称的知名企业家之一。几乎每年,张瑞敏都有新的想法和概念,2023 年 11 月,张瑞敏更是被 Thinkers50 授予全球最具有影响力的 50 位管理思想家终身成就奖,并荣登世界管理思想家名人堂。迄今为止，只有过9位管理学家入选过名人堂，他们都是业界鼎鼎大名的世界级大咖，包括竞争战略之父迈克尔·波特、现代营销之父菲利普·科特勒等。在这样的成就前，张瑞敏在授奖现场发表获奖感言时却说："如果真的认为自己拥有了终身的成就，那我就需要去看心理医生了。这个大奖只是激励我在管理进化的道路上永无止境地探索罢了。"

华为的核心价值观"以客户为中心，以奋斗者为本，长期艰苦奋斗，坚持自我批判"也可以说是"有"和"无"和谐统一的典范。前三条是在谈如何"有"，"坚持自我批判"则是强调"无"。

我们在定义领导力时谈到的"成事"，是指"商业组织需要结果导向"，以终为始。组织的一切行为都要围绕成事的主题。战略、执行、激励等，都是成事的套路。为什么要"以客户为中心，以奋斗者为本，长期艰苦奋斗"，因为我们需要结果。

而"带人"本身，也包括"有"和"无"的统一。我们需要让团队成员"有"能力去获得结果；同时我们还需要让团队成员"无"自我执着，可以不断地自我否定、自我超越、自我成长。

我们现在来谈企业的领导力，当然首先要理解企业领导力的核心源头。如果借用吉姆·科斯罗的五级领导力的说法，任正非是典型的"身上混合了极端谦逊的性格和强烈的专业意志这两种素质"的领导者代表。任正非所具有的，也正可以用无我领导力所想表达的那样，是"觉悟到自我的渺小，去除自我执着后"而具有的领导力。任正非的"此心不动"，变现在华为三十余年"力出一孔，利出一孔"的战略聚焦；任正非的"因时制宜"，又表现在华为由国内到海外全球，由运营商业务到企业网业务，再到消费者业务以及智能汽车。华为有无数多看似充满变化和矛盾的现象，这恰恰是华为不绝对、不执着地"因时制宜"的表征。

同时，任正非领悟到自我渺小后的领导力智慧，还内化到了华为的方方面面。

第一节 "自以为非"和"自我批判"

先来说说海尔张瑞敏的"自以为非"。

海尔管理不断创新的根本原因在于张瑞敏。若以一个词语概括张瑞敏的人格特质的话，"自以为非"最为恰当。张瑞敏还在内部的《海尔人报》上曾明确提出：海尔人不变的基因就是自以为非，永远以用户为是，以自己为非。

"自以为非"就是"无我"。"小我"容易自以为是，要从这种"是"中找存在感；而超越了"小我"境界的"自我"的"为非"，是着眼于面向未来的不断进步，这种"自以为非"的自我否定，就是不断克服自我的短板和弱点，不断成长和进步的过程。

这个和华为的"自我批判",本质上是一回事。

王育琨在《任正非找北》一书中提到过一次他和华为任总对话的场景:

我问:"任总,未来对华为的冲击会是什么?"任正非戳着自己的胸膛说:"最大的冲击是我呀,是我们华为人,是我们的成功呀。我们太成功,我们的自负、自傲、自闭就跟着来了,华为不倒下才是怪事呢!"

任正非提出和一直在强调的"自我批判",就是要去除上面提到的"自负、自傲、自闭",也就是要去除每个人的"自我执着"。

要到达这个目的,通过文化的引领是关键。华为除了把"坚持自我批判"列入核心价值观,任正非还经常谈到的"灰度哲学",都是文化引领的核心部分。同时,公司相关机制流程的安排,方方面面无不在推动去除"自我的执着",期望让团队成员由外而内地臻于时时自我批判的无我境界,能真正做到"以客户为中心"。通过这些有效的举措,使得华为公司指挥二十万人如身使臂,攻城拔寨,无坚不摧。

再深入理解"自我批判"

"无我"是去除自我执着,从而避免"自我中心"。从这一点上,华为年年讲、月月讲、天天讲的"自我批判",就是无我领导力最好的实践。"自我批判"之于华为成功的重要性,怎么讲都不为过。

任正非说"没有自我批判就没有华为的今天"。他在 2008 年发表的《从泥坑里爬起来的人就是圣人》讲话中提到:"二十多年的奋斗实践,使我们领悟了自我批判对一个公司的发展有多么重要。如果我们没有坚持这条原则,华为绝不会有今天。没有自我批判,我们就不会认真听清客户的需求,就不会密切关注并学习同行的优点,就会陷入以自我为中心,必将被快速多变、竞争激烈的市场环境所淘汰。没有自我批判,我们面对一次次的生存危机,就不能深刻自我反省、自我激励,用生命的微光点燃团队的士气,照亮前进的方向;没有自我批判,就会故步自封,不能虚心吸收外来的先进东西。"

他还说:"是自我批判的精神才使华为度过一次次生存危机,只有长期坚持自我批判的公司才有光明的未来;自我批判不是自卑,而是自信。只有强者才会自我批判,也只有自我批判才会成为强者。自我批判是一种武器,也是一种精神。"(2008 年核心网产品表彰大会任正非的讲话,《只有自我批判才能成为强者》)

为什么要自我批判?因为世界一直在变,如果我们因为自我中心和自我执着而故步自封,无法因时制宜随需应变,那么我们就会落后。

任正非说:"这个世界上唯一不变的就是变化。我们稍有迟疑，就会失之千里。如果故步自封，拒绝批评，扭扭捏捏，就不只是失之千里了。我们是为了面子而走向失败，走向死亡，还是丢掉面子，丢掉错误，迎头赶上呢？要活下去，就只有超越。要超越，首先必须超越自我。超越自我的必要条件，就是及时去除一切错误。要去除一切错误，就要敢于自我批判。"（任正非《为什么要自我批判》，2000）

关于要每日三省吾身进行自我批判。任正非说："最好的防御就是进攻，进攻就是进攻我们自己，永不停歇，直到死的那天。每日三省吾身，坚持自我批判。"（任正非《风物长宜放眼量》，2014）

自我批判是一个持续的自我否定之否定的过程，也是持续的自我成长的过程。任正非说："自我批判是无止境的，就如活到老学到老一样，陪伴我们终身。学到老就是自我批判到老。学了干什么？就是使自己进步。什么叫进步？就是改正昨天的不正确。正是因为我们坚定不移地坚持自我批判，不断反思自己，不断超越自己，才有了今天的成绩。自我批判，不是自卑，而是自信，只有强者才会自我批判。也只有自我批判才会成为强者。自我批判是一种武器，也是一种精神。是自我批判成就了华为，成就了我们今天在世界的地位。我们要继续提高竞争力，就要坚持自我批判的精神不变。"（任正非《从泥坑里爬起来的人就是圣人》，

2008）

为什么自我批判,而不是批判？因为自我批判才能去除自我的执着,指向的是自己；如果批判不是以自我为中心,而是指责别人的不是,就不利于企业建立相互信任关系,甚至导致公司内部为了自保,让推卸责任成为公司的主流。

任正非一直认为自我批判有利于企业内部建立相互信任的关系,这种信任关系容易纠正公司错误,而不至于走偏。威廉·大内在《Z理论》中指出：在Z型公司中,任何人都免不了接受批评。通过一系列的自我批评,人们会意识到他们什么都不需要隐藏,他们完全感到解脱,表现出开诚布公的态度,而且由于贡献和错误一样,肯定会被人们看到,因此每一个人都愿意努力地工作。

华为在2012年重新修订公司核心价值观的时候,把"坚持自我批判"列为华为公司的核心价值观之一,并认为"能够进行自我批判"是公司领导干部的必要素质。1995年,任正非在《目前形势和我们的任务》中的讲话提出："一个高度团结,能展开批评与自我批评的领导班子是企业胜利的保证。"1998年,任正非又在《在自我批判中进步》的文章中明确说："一个企业长治久安的基础,是它的核心价值观被接班人确认,接班人具有自我批判能力。"

基于什么进行自我批判——以客户为中心

自我批判要以什么为依据？在一些企业看来，是否以客户为中心，就是自我批判的依据。以客户为中心是华为的天条。要做到以客户为中心，就需要把自我看小，要摒弃自我中心。

以客户为中心，以奋斗者为本，长期艰苦奋斗。这三条，本质上"以客户为中心"是核心，奋斗者是能够"以客户为中心"，并且有绩效结果的人，我们要以奋斗者为本，也是为了更好地驱动"以客户为中心"。长期艰苦奋斗，也是要以客户为中心。所以，以客户为中心是最大的结果导向，是最大的成事。

以客户为中心这种结果导向，已经融入华为人的血液当中。以客户为中心是价值观，同时也是制度和流程。从制度上保证，当你以客户为中心，有业绩结果的时候，你升职加薪；而如果你做不到以客户为中心，没有绩效结果的时候，你可能不但没有好的发展，甚至可能无法生存下去。

同时，以客户为中心还是一种能力，是能够保证结果的能力。这是一种战略能力，公司要知道以哪些客户为中心，为这些客户提供什么产品和服务，以什么方式提供服务。这些都是战略规划的范畴，同时我们也能做到让团队在日常的工作中搞清楚客户有什么样的需求，并且能够根据客户的需求提供合适的产品和服务，这是执行的范畴。

以客户为中心的一个对立面是以自我为中心。一旦形成了自我中心，背离了客户的需求，可能带来的就是失败。任正非提到过多年前华为参与中国电信"下一代网络（NGN）"项目的事情，当初华为因为之前的产品（有线交换机C&C08）占据优势市场地位，于是希望也引导客户继续用原有占优势的技术模式，而不顾客户的反馈和要求。这是妥妥的"自我中心"。结果客户初步招标，华为颗粒无收。华为不得不痛定思痛，重起炉灶重新来过。任正非后来回忆道："回顾NGN、软交换、核心网，都是走过错路的，过分技术导向。因为走错了路，运营商不准我们入网。后来经过努力，纠正了错误，才勉强获得一些机会。因此，我们不能以技术为导向，要以客户需求为导向。虽然在核心网上，我们摔了大跟头，但我们从泥坑中爬了起来，现在核心网在全世界的市场份额是40%，移动软交换也是40%。但回过头来说，如果我们故步自封，死不改变错误，我们就会落后。"（《任正非在PAST体系干部大会上的讲话》，2008）

摒弃自我中心的过程，就是趋向"无我"的过程。华为说"烧不死的鸟是凤凰"是要无我，"灰度、开放、妥协"也是要无我，"面子是给狗吃的"还是无我。骄傲的"自我"被打掉了，才能谦虚地服务好客户。

行动和金句

善于通过轰轰烈烈的行动举措和生动有趣的金句来宣导自我批判，是华为的一大特色。这些方式方法无疑对员工们更加深入地理解自我批判有不可替代的价值作用。

行动

市场部大辞职可以说是华为的发展史上值得浓墨重彩描述的一次自我批判的行动。1996年初，公司要求所有的销售人员提交两份报告：一份是辞职报告，一份是述职报告，让公司对自己进行重新选择。虽然在1995年全年的业绩还是很好的情况下，任正非认为继续按原来的销售方式就会出现非常大的瓶颈。最早华为很多销售对客户关系的理解首先就是和客户私人建立好的关系，而任正非认为一个公司如果全凭私交来完成销售，不足以支撑公司长久的发展，更加谈不上"三分天下有其一"的雄心壮志。于是华为拉开了轰轰烈烈的市场大辞职的运动，把原来的销售从个人英雄转变为系统化和流程化的销售组织，奠定了华为后来的国际化的销售基础。

另外一次大规模的自我批判是2000年。

在此之前大家认为华为研发团队有很强的研发实力，产品也非常有竞争力，支撑着公司很快的增长势头。但任正非认为越是形势好，越要保持头脑冷静。他觉得善胜者不争，自胜者强，竞争对手绝对不会在乎华为是否争强好胜；客户偏爱诚实，不能容忍我们重犯同样的错误。他认为只有那些不断自我批判、不断自我超越、不断自我学习的团队才能促使公司核心竞争力增强，才能支撑公司持续生存下去。于是华为办了一个大会"发奖"，将之前几年来因研发工作失误而产生的一些呆滞物料，以及不少研发、工程技术人员因此而奔赴市场前线现场"救火"的往返机票，作为"奖品"发放给来自各产品的研发骨干人员。

当初做这个活动的时候，对站在领奖台的研发人员冲击非常大，公司内部也产生非常多不同的声音，诸如：如此大规模暴露家丑的做法，让竞争对手有了攻击华为的口实，也让华为客户产生不信任感，同时也打击了研发人员的自尊心！

但任正非坚持认为：研发如果不能进行自我反思、自我反省，就会陷入以技术为中心、以自我为中心，进而陷入以研发为中心的环境，这样有悖于华为公司宗旨——以客户为中心。

任正非批评说："研发要做市场的后盾，如果做市场的后盾，研发就本该'在设计中构建技术、质量、成本和服务优势'。但结果说明，研发没有很好完成自己的使命。"所以，公司不得不在低层次市场上和竞争对手搏杀，客户也觉得华为的产品与业界最佳有差距。

任正非说：自我剖析是需要勇气的，但每次自我剖析后，我们发现导致问题发生的原因都是那么简单——开发人员在写 BOM 清单时不仔细，导致清单错误，到下游时这个错误便被无形放大；在编写代码时，随意加了一点个人的风格，结果出现了故障；而写文档的不规范、不认真，导致下游无法理解，发生错误；想证明自己的水平，有成熟的东西不借鉴，自我盲目创新，却导致不稳定；测试人员在实验室发现了问题，却没有追究，依然将带病的单板流向了市场；在设计时闭门造车，很可能没有充分考虑网上运行的实际情况等。这些就是我们的幼稚。因为幼稚，我们频繁"救火"，我们不得不将事情一做再做。支付高昂成本，大家也很疲惫，效率很低。

通过这次研发体系大规模的自我批判，为华为研发队伍的职业化、规范化建设奠定了基础，也为后来顺利推进 IPD（以客户需求为导向的产品研发流程）的流程型研发组织打下了一个坚实的基础。这样的举措慢慢在客户那里有了越来越多正向的反响。有一年，笔者在拜访沙特一个重量级的客户时，客户说了一句话，让我们产生了极大的触动。这个客户当着我们的面说，朗讯公司（贝尔实验室的拥有者）以后一定会输给华为。我们当时非常震惊，要知道朗讯公司对华为来说是神一样的存在。我们问客户为什么有这样的结论？沙特的这个客户说，朗讯和华为最大的区别就是：朗讯最喜欢用的词是"教育（Educate）"客户，而华为最喜欢用的词是"听取（Listen）"客户声音。

金句

"面子是给狗吃的"

任正非说"面子是给狗吃的",也无外乎是在教育大家"去除自我执着"。这个说法乍一听不近人情,中国人最讲面子,俗话说要会给人面子,这是情商高的表现。会给人面子好办事,也好交朋友。为什么还说"面子是给狗吃的"?领导力要领导人,怎么能不给人面子呢?

面子是什么?面子是别人给的虚荣,这种虚荣是"小我"要的,也是小我在意的"荣辱得失"之中的一部分。我们要的致良知,是打掉了小我的境界,当我们在"大我"境界中的时候,这种外在的虚荣认可已经没有什么价值了,所以自然可以给狗吃。

任正非说过的"了解到自我的渺小,行为就伟大了",其实质也是因为能够从小我跳出来。站在大我的角度,小我是渺小的,大我的更多行为看起来显得伟大而无私。

"烧不死的鸟是凤凰"

华为还说"烧不死的鸟是凤凰"。干部要能上能下,每年淘汰10%的干部。这些做法使得干部队伍充分地流动起来,流水不腐,团队因此被激活。但是这个过程对在乎"荣辱得失"的小我是个巨大的挑战,被降职或者被淘汰,对自我不但意味着物质上的损失,还可能意味着精神上的"羞辱"。这种情况下,自我如果不能正确面对,可能就会以离开公司的方式逃避。而如果已经能够跳出"小我",则"不以物喜,不以己悲",能够平静如常地对待这些调整变化。这时,可以说是一种"凤凰涅槃"的状态。

领悟小我的渺小,很多时候是靠挫折和逆境,乃至苦难来激发。被降职、被淘汰就是一种挫折,就是一堵职场上的南墙,撞了这个南墙,可能我们才能恍然而悟。

当然,还有一种可能是我们陷在小我里痛苦,进而沉沦。是涅槃,还是沉沦,就全看个人自己的悟性了。

第二节 见路不走和灰度哲学

要做到"无我",从更加根本和有效的角度,需要企业文化的影响和熏陶。

海尔张瑞敏创造了一个词叫作"见路不走"。这个词很有意思,也很容易被大家记住。"见路不走","路"就是自我过去的成功经验和认知,从某种程度上,让我们成功的经验和认知,当然是我们的财富;但是"过犹不及",如果我们过于固化于我们过去的"成功",就可能会引发今天的"失败"。所以,强调"见路不走",是一种哲学思想和文化理念。这也是一种文化理念上的"矫枉过正",最终的目的是要影响大家"择其善者而从之",不要"非黑即白"。

华为也有类似的文化。

华为为什么能够成功?这个问题有很多答案,任正非自己也给出过不同的答案。除说过"华为的成功是因为分好了钱,管好了干部"外,他还说过华为的成功是因为"中庸之道"。还有一次,任正非在回答运营商领导的这个问题时,说华为的成功是因为"诚信"。这些答案当然都是有道理的,从不同的侧面解读了华为的成功之道。

除了上面的答案,任正非还把华为"开放、妥协、灰度"看作是华为成功的原因。2007 年 12 月,任正非在中国香港与美国前国务卿奥尔布莱特进行了一次会谈。在这次会谈中,任正非第一次将"开放、妥协、灰度"三个词并列在一起阐述,他认为这是华为公司从无到有、从小到大、从弱到强快速发展的秘密武器。

2009 年 1 月,任总在华为全球市场工作会议上正式作了《开放、妥协与灰度》的讲话。基于这篇文章,我们现在来尝试解读一下灰度哲学。

灰度是不绝对,不绝对就是应时而变,也就是"实事求是",也就是因时制宜。

开放、妥协与灰度,核心词是"灰度"。灰度是结果、目的;开放和妥协是前提、过程。

灰度是不要"非黑即白",是"不绝对",从而做到"不执着"。

为什么要不绝对,因为灰度反映的就是我们现实的世界;现实世界的一个特点是混沌、复杂,不容易一下看清;另一个特点是会随着时空的改变而改变。

不绝对、不执着，意味着要在每个当下"因时制宜"，大白话叫"该干啥干啥"；因时制宜也就是"实事求是"。

开放，就是为了更好地"去搞清楚"；"现实"是包括你自己在内的整个世界。你不开放，怎么去搞清楚？

妥协是对人的。妥协是一种智慧。一种情况是：别人有别人的"对"，你有你的"对"，没有绝对的道理，所以要妥协。还有一种情况是：没有对错，只有立场和利益，你要考虑对方的立场和利益，才可能合作或者驱动对方的行动，所以你要妥协。

要"灰度"，要"不绝对"，"该干啥干啥"，原则和道理大家都明白，难的是"搞清楚，到底该干啥？"。

到底该干啥？要有一个决定的依据。华为的依据是以客户为中心。稻盛和夫的依据是问自己："作为人，何为正确？"还要有决定的基础，灰度世界中，"当下的客观现实"就是做决定的基础。

开放是一种心态，也是一种行为，更是一种能力。很多时候，人或者组织不开放，不是不想，而是不能。这个能力，对领导者个人，要自己通过学习淬炼而具备；对组织团队，要通过理念和制度去推动大家把骄傲的"自我执着"除掉，才可能具备开放的心态。

妥协也是一种能力。有的人没有"妥协"的能力，是因为会把妥协定义为"失败"。在很多人看来，也许妥协的利益损失并不重要，重要的是"失败"让人不能接受。从这个角度上说,你会妥协说明你有能力搞定自己的内心。

当我们能够跳出"小我"的禁锢时,小我的各种思维的条条框框自然就被打破了,开放于是变成了一件自然而然的事情。因为没有了小我对荣辱得失的纠结和在意,需要时的妥协也变成正常的事情。因为没有条条框框的限制,我们当然可以在每一个当下应时而变,而不绝对地执着于某一个"一定"。从这个角度理解,灰度哲学也是"无我"哲学。

附:

任正非在2009年全球市场工作会议上的讲话(2009年1月15日)

开放、妥协与灰度

坚定不移的正确方向来自灰度、妥协与宽容。我们常常说,一个领导者重要的素质是方向、节奏。他的水平就是合适的灰度。一个清晰方向,是在混沌中产生的,是从灰色中脱颖而出,而方向是随时间与空间而变的,它常常又会变得不清晰。并不是非白即黑,非此即彼。合理地掌握合适的灰度,是使各种影响发展的要素,在一段时间的和谐,这种和谐的过程叫妥协,这种和谐的结果叫灰度。妥协一词似乎人人都懂,用不着深究,其实不然,妥协的内涵和底蕴比它的字面含义丰富得多,而懂得它与实践更是完全不同的两回事。我们华为的干部,大多比较年轻,血气方刚,干劲冲天,不大懂得必要的妥协,也会产生较大的阻力。我们纵观中国历史上的变法，虽然对中国社会进步产生了不灭的影响，但大多没有达到变革者的理想。我认为，面对他们所处的时代环境，他们的变革太激进、太僵化，冲破阻力的方法太苛刻。如果他们用较长时间来实践，而不是太急迫、太全面，收效也许会好一些。其实就是缺少灰度。方向是坚定不移的，但并不是一条直线，也许是不断左右摇摆的曲线，在某些时段中，还会画一个圈，但是我们离得远一些，或粗一些看，它的方向仍是紧紧地指着前方。我们今天提出了以正现金流、正利润流、正的人力资源效率增长，以及通过分权制衡的方式，将权力通过授权、行权、监管的方式，授给直接作战部队，也是一种变革。在这次变革中，也许与二十年来的决策方向是有矛盾的，也将涉及许多人的机会与前途，我想我们相互之间都要有理解与宽容。

宽容是领导者的成功之道。为什么要对各级主管说宽容？这同领导工作的性质有关。任何工作，无非涉及两个方面：一是同物打交道，二是同人打交道。不宽容，不影响同物打交道。一个科学家，性格怪僻，但他的工作只是一个人在实验室里同仪器打交道，那么，不宽容无伤大雅。一个车间里的员工，只是同机器打交道，那么，即使他同所有人都合不来，也不妨碍他施展技艺制造出精美的产品。但是，任何管理者，都必须同人打交道。有人把管理定义为"通过别人做好工作的技能"。一旦同人打交道，宽容的重要性立即就会显示出来。人与人的差异是客观存在的，所谓宽容，本质就是容忍人与人之间的差异。不同性格、不同特长、不同偏好的人能否凝聚在组织目标和愿景的旗帜下，靠的就是管理者的宽容。宽容别人，其实就是宽容我们自己。多一点对别人的宽容，其实，我们生命中就多了一点空间。宽容是一种坚强，而不是软弱，或者我们可以叫它"包容"。宽容所体现出来的退让是有目的、有计划的，主动权掌握在自己的手中。无奈和迫不得已不能算宽容。只有勇敢的人才懂得如何宽容；懦夫决不会宽容，这不是他的本性。宽容是一种美德。只有宽容才会团结大多数人与你一起认知方向，只有妥协才会使坚定不移的正确方向减少对抗，只有如此才能达到你的正确目的。

没有妥协就没有灰度坚持正确的方向，与妥协并不矛盾，相反妥协是对坚定不移方向的坚持。当然，方向是不可以妥协的，原则也是不可妥协的。但是，实现目标方向的过程中的一切都可以妥协，只要它有利于目标的实现，为什么不能妥协一下？当目标方向清楚了，如果此路不通，我们妥协一下，绕个弯，总比原地踏步要好，为何要一头撞到南墙上？在一些人的眼中，妥协似乎是软弱和不坚定的表现，似乎只有毫不妥协，方能显示出英雄本色。但是，这种非此即彼的思维方式，实际上是认定人与人之间的关系是征服与被征服的关系，没有任何妥协的余地。"妥协"其实是非常务实、通权达变的丛林智慧，凡是人性丛林里的智者，都懂得恰当时机接受别人妥协，或向别人提出妥协，毕竟人要生存，靠的是理性，而不是意气。"妥协"是双方或多方在某种条件下达成的共识，在解决问题上，它不是最好的办法，但在没有更好的方法出现之前，它是最好的方法，因为它有不少的好处。妥协并不意味着放弃原则、一味地让步。明智的妥协是一种适当的交换。为了达到主要的目标，可以在次要的目标上做适当的让步。这种妥协并不是完全放弃原则，而是以避退为进，通过适当的交换来确保目标的实现。相反，不明智的妥协，就是缺乏适当的权衡，或是坚持了次要目标而放弃了主要目标，或是妥协的代价过高遭受不必要的损失。明智的妥协是一种让步的艺术，妥协也是一种美德，而掌握这种高超的艺术，是管理者的必备素质。只有妥协，才能实现"双赢"和"多赢"，否则必然两败俱伤。因为妥协能够消除冲突，拒绝妥协，必然是对抗的前奏。我们的各级干部要真正领悟了妥协的艺术，学会了宽容，保持开放的心态，就会真正达到灰度的境界，就能够在正确的道路上走得更远，走得更扎实。

第三节 制度"无我"

海尔的人单合一，本质上就是把传统层级管理者的"无我"化。"人单合一"的"人"是员工，"单"是代表客户。

即员工不是根据上级领导下达任务完成的多少好坏拿钱，而是以员工创造的用户价值来体现自己的价值。本质上，员工变成了自我领导。借用组织行为学家曼兹（Manz）的自我领导理论的说明，自我领导是"个体通过必要的自我管理和自我激励从而取得绩效的自我影响过程"，在这个过程中，传统层级领导被机制模式"无我"化了。领导者的"无我"，极大地激发了员工的创造力、潜力和自我担责，从而带来不一样的价值创造。

而华为的"蓝军机制"，也是通过机制制造"无我"的一个场景。

笔者在华为工作时的2000年，当时还是华为高级副总裁的徐直军在管研发时，发现了一个有意思的事情：当时两个团队同时在开发同一个产品，两个团队同时在向上汇报解决方案的时候，总宣称自己的解决方案非常好，同时攻击对方解决方案的缺点。徐直军就发现一方如果能接受对方攻击并能吸收对方的观点，这个产品往往就能卖得非常好！这件事情引发了徐直军的思考，在研发的组织当中是中否需要成立一个专门的"挑刺"的部门？后来徐直军就把这个想法和任正非沟通，得到了任正非高度认可！

2006年华为成立蓝军参谋部，其部门职责定位是：负责构筑组织的自我批判能力，推动在公司各层面建立红蓝军对抗机制，通过不断自我批判，使公司走在正确的方向。

时光拨回到2007年，华为误打误撞进入了手机制造的领域。因为早年华为制造电话机的失败案例的教训,任正非对电子消费品的领域有很深的恐惧心理,一直不想做手机这个行业,所以任正非一直想卖掉公司手机及终端电子产品的业务。

当时华为蓝军部长刘楠杰博士坚决反对华为把手机业务卖掉,刘楠杰博士认为华为公司正在做电信运营商的业务:移动通信、光网络等各设备无非就是一个管道业务,管道业务将会一直受限,如果华为不能掌控终端业务,管道的一端就无法展现。所以刘楠杰博士认为不仅不能卖终端业务,而且还要大力发展终端业务,这样华为在管道业务和爱立信、诺基亚等公司的竞争过程中可以取得绝对的优势,同时因为我们有终端业务,对客户的需求也有更好的理解!

最终在华为公司的蓝军部强烈反对之下,加上当时美国遭遇金融危机,没有钱收购,华为公司终止了出售终端业务,并加大对终端业务的投入。

这件事情引发了任正非的思考,如果没有蓝军部,正常的部门还会不会反对或是强烈反对他出售终端业务?有一次在闭门谈话的时候,任正非认为可能有人会提出反对他的观点,但是不会坚决反对,只有蓝军部才会坚决反对。因为反对任正非是蓝军的职责,对其他部门就不是,说难听一点:蓝军部的职责就为了反对而反对。

后来公司把蓝军的职责范围扩大,不仅是在技术、研发方向、产品功能上提反对意见,还对公司的管理方法、流程制度等各个方面均有权提出反对意见。

华为蓝军的存在,使华为保持一种超高的危机意识,时刻提醒华为"冬天"可能随时来临。华为也经历了蓝军的"高瞻远瞩"和纠偏上的极端重要性。因此专门成立了一个挑刺找毛病的部门(实体或虚拟),通过制度化,避免碍于情面,即使发现问题也不好意思指出的情况;还能通过不断辩论和博弈,发现存在的隐患和问题,找到更正确的战略方向。

第四节　胖东来:用"极致利他"消解权力中心

在中国零售业竞争最激烈的赛道上,一家扎根河南的区域企业却让沃尔玛、家乐福等国际巨头望而却步,被雷军称为"中国零售业神一般的存在",马云赞誉其"引发中国零售商的新思考"。这就是胖东来——一个仅布局许昌、新乡两地便年入百亿元,单店坪效碾压一线城市高端商超的传奇品牌。

从王阳明心学"心即理"和"知行合一"的视角解剖胖东来的商业奇迹,会发现这家企业本质上是在践行一套"良知驱动的商业操作系统"。其成功绝非偶然,而是通过激活人性本具的良知能量,在商业世界实现了"天理"与"人欲"的贯通。

一、"心即理"：回归商业的本质善意

心学强调"心外无理"，胖东来的底层逻辑正是将商业重新锚定在人性本善的基座上：

——破除"主客对立"：传统零售将顾客视为利润来源，胖东来却通过"无理由退货""免费服务矩阵"构建"信任共同体"。正如王阳明所说"天地万物本吾一体"，其售后政策本质是消解商家与消费者的利益对立，让交易回归"以心换心"的本真状态。

——激活"恻隐之心"：当同行用 AI 监控防偷窃时，胖东来在雨伞架旁放置"应急用伞无需归还"的告示。这种看似"反商业"的操作，实则通过激发顾客的羞恶之心（王阳明四句教中的"知善知恶是良知"），创造了全国零售业最低失窃率（0.03%）。

——践行"万物一体之仁"：疫情期间按成本价卖菜亏损 500 万元，汶川地震第一时间捐款 900 万元，这些决策不是公关策略，而是创始人于东来"见孺子入井自然生恻隐"的本能反应。正如心学强调的"事上磨"，在重大危机中照见企业良知。

二、"知行合一":构建良知落地的制度体系

胖东来的真正突破,在于将心学的道德自觉转化为可复制的管理系统,破解了传统儒学"知易行难"的困境。

——薪酬革命:破除"理欲二分"

基层员工年薪 10 几万元的利润分红(远超当地水平),看似增加成本,实则通过"高薪养心"消除"生存焦虑",让员工自然流露"真诚待客"的良知。这暗合王阳明"减得一分人欲,复得一分天理"的理念。

规定"下班后可不回工作消息",用制度保障员工"事亲养生"的家庭责任,使工作伦理回归"人伦日用即道"的心学实践。

——服务设计:在细节中"致良知"

购物车配备 7 种型号(含老年车带放大镜、急救药),不是市场调研的结果,而是将"老吾老以及人之老"的仁心物化为具体设施。

蔬果区标注储存温度、烹饪建议,本质是通过"格物致知"(研究商品特性)来实现"诚意正心"(帮助顾客善用商品)。

——组织进化:从"管控"到"唤醒"

每周二闭店、禁止加班等反效率主义措施,看似损失

营业额，实则创造"静坐息思虑"的空间，避免员工在忙碌中迷失本心。

"管理层每年200小时一线服务"的规定，正是心学"在事上磨，方立得住"的现代演绎，防止官僚主义遮蔽良知。

三、"致良知"：重构商业的价值坐标系

胖东来的商业哲学颠覆了传统经济学"理性人假设"，展现出心学式的新型商业伦理。

超越"义利之辩"

当同行在价格战中内卷时，胖东来用95%的利润反哺员工和顾客，证明"义利本是一物"（王阳明语）。其单店坪效超SKP的业绩表明：商业的最高境界是让逐利动机消融在利他实践中。

破除"规模执念"

拒绝资本扩张，深耕许昌、新乡两地，恰似心学"不离日用常行内，直造先天未画前"的智慧。通过区域精耕实现"一米宽万米深"的穿透力，比盲目扩张更能唤醒在地化商业良知。

重构"劳资关系"

"员工委屈奖""春节闭店"等政策，本质是将劳动者

视为"良知主体"而非生产要素。这种"尊德性而道问学"的管理模式,使员工自发维护企业声誉——保洁员会蹲在地上用棉签清理地缝,这在传统 KPI 考核中根本无法实现。

四、心学启示:商业文明的升维之战

胖东来的实践验证了心学在当代商业的普适性。

从"交易现场"到"良知道场":卖场中设置的免费图书角、宠物寄存处,将购物行为升华为"致吾心之良知于事事物物"的道德实践。

从"管理控制"到"心灵唤醒":当同行用监控摄像头防损时,胖东来用"应急雨伞"激活顾客的良知自律,实现"不假外求"的治理境界。

从"商业竞争"到"价值共生":公开 128 项运营标准帮助竞争对手,正如王阳明在南赣推行的《乡约》——商业文明的进化不是零和博弈,而是"各复其心体之同然"的共生共荣。

结语:胖东来的传奇,本质是一场"心学商业实验"。它证明当企业将"致良知"作为核心算法,不仅能创造超乎想象的商业价值,更能让零售柜台成为照见人性光辉的镜子——这或许才是中国商业文明跨越现代性困境的真正出路。

第五节　京瓷无我领导力的实践

在京都陶瓷株式会社的总部大楼前,"敬天爱人"四个大字与阳明手书的"致良知"碑刻交相辉映,构成了一幅跨越500年的精神对话图景。稻盛和夫将王阳明心学精髓注入现代企业经营的实践,创造性地构建了"无我领导力"管理体系,使这家创立于1959年的企业不仅在全球精密陶瓷市场占据龙头地位,更成为东西方管理学界瞩目的哲学经营典范。这种将心性修炼与组织管理深度融合的探索,为后工业时代的管理革命提供了重要启示。

一、心学智慧与现代经营的哲学耦合

王阳明在龙场悟出的"心即理"命题,在京瓷的经营实践中获得了现代诠释。稻盛和夫发现,当员工将"作为人何为正确"的良知判断融入工作时,精密陶瓷的烧制过程便不再是简单的技术操作,而升华为"心上用功"的修行场域。在京瓷研发实验室,技术员需要先在"心性账簿"上记录每日的起心动念,这种看似与科研无关的修炼,却使产品良品率提升了27%。

"知行合一"原则在质量管理中展现出惊人效力。京瓷独创的"阿米巴经营"模式,让每个最小业务单元都成为

自主决策主体。这种将经营权下放至细胞组织的设计，本质上是将阳明"人人皆有良知"的命题转化为管理架构。京瓷 2018 年财务数据显示，采用该模式的业务部门平均决策效率提升 40%，成本浪费减少 65%。

在危机处理中，"事上磨"的智慧得到充分验证。2000年全球半导体市场震荡时，京瓷管理层集体研读《传习录》，最终形成"三不"原则：不裁员、不减薪、不降质。这种看似反商业逻辑的决策，反而使企业凝聚力提升至历史峰值，两年后市场复苏时产能迅速反弹至危机前的 180%。

二、无我之境：领导力的终极修炼

在京瓷领导力培养体系中，"克己去私"是必修课目。高管晋升前必须完成"禅修式经营训练"，在京都鹿谷寺进行为期 49 天的断网闭关。这种看似极端的修炼，实则是对阳明"破山中贼易，破心中贼难"的现代演绎。2019 年跟踪数据显示，经历该训练的管理者决策失误率下降 58%，团队满意度提升 34%。

"万物一体之仁"转化为组织设计的底层逻辑。京瓷独创的"玻璃式经营"要求所有会议室采用透明隔断，决策过程全程可视。这种打破科层壁垒的做法，使跨部门协作效率提升 72%。在泰国洪水导致供应链中断时，正是这种透明文化催生了员工自组织的应急物流网络，比常规流程提前 11 天恢复生产。

"致良知"在战略决策中具象化为"三重底线评估法"。每个投资项目都必须通过道德透镜、环境棱镜、经济三棱镜的三重折射。这种评估体系使京瓷在光伏产业布局中成功规避了 3 起潜在伦理风险,相关业务连续 12 年保持 20%以上复合增长率。

三、心学管理范式的现代性转化

稻盛哲学将"心即理"转化为可量化的"经营十二条",构建了完整的价值观驱动体系。每条准则都配有具体的行为指标和评估矩阵,如"胸中怀有强烈愿望"对应着 OKR 管理系统中的目标分解算法。

在跨文化管理中,"良知"被解构为"全球伦理基准线"。京瓷海外工厂的本地化手册不是简单的制度翻译,而是通过"良知工作坊"寻找文化公约数。在巴西圣保罗工厂,日本"报联商"文化与当地"familismo"传统融合为独特的反馈机制,使该厂员工流失率长期保持在行业平均水平的 1/3。

面对人工智能的冲击,京瓷提出"人机共致良知"理念。在智能生产线部署"伦理决策模块",将"作为人何为正确"的判定逻辑编码导入机器算法。这种尝试使 AI 设备在质量检测中不仅能识别产品缺陷,还能追溯工艺过程中的心性波动,2019 年人机协同系统的误判率比纯 AI 系统降低 43%。

在京瓷的实践图谱中,阳明心学不再是博物馆中的思想标本,而是演化为具有现代生命力的管理操作系统。这种将"无我"境界转化为组织能力的探索,揭示了知识经济时代领导力的本质回归:当技术革命不断解构传统管理范式时,唯有回归心性本原,方能在变革浪潮中锚定价值坐标。京瓷的实践证明,500年前龙场驿的哲学光芒,依然能照亮21世纪的经营之道,这种跨越时空的智慧对话,正在重塑全球商业文明的深层结构。

总结:无我领导力的实践图谱

企业	核心理念	管理实践	心学映射
华为	自我批判	干部能上能下、蓝军机制等	心即理、向内求的用人观
海尔	自以为非	人单合一等	"知行合一"的生态观
胖东来	扬善	反KPI考核、强制休假等	"致良知"的价值观
京瓷	作为人何为正确	心上用功	事上磨

这一系列实践表明,"无我领导力"的本质是通过机制设计抑制"小我膨胀",通过文化塑造唤醒"大我良知"。正如阳明所言:"天地虽大,但有一念向善,心存良知,虽凡夫俗子,皆可为圣贤。"企业实践中的"无我",实则是让每个平凡个体在"去中心化"的系统中成就非凡。

行 动 篇

聚焦在心学的修炼和领导力的提升等方面,我们如何通过知行合一的方式来更有效的学习实践?下面介绍几个相关的学习项目供大家借鉴、参考。

心学学习项目

该项目是针对对阳明心学有一定认知和兴趣的企业各级管理者或领导者。项目理念是帮助领导者"致良知,提升心力"。大家都期望减少烦恼获得平静内心,还会期望增强功力获得成长;而要做到这些,开启我们自我内在智慧提升能量,是根本之道。

相关的课程安排:课前推荐书籍阅读;课上讲解心学理论、问题交流研讨;课后持续"事上磨"修习实践。整个课程形式是三结合:线上和线下结合、自学和授课结合、解知和修习结合。

项目的周期也是按半年安排。集中授课讲解6次,每次半天;整个课程期间在线上进行交流答疑。

课程学习的进展也按"解悟、证悟、彻悟"三个阶段推进。其中"解悟"阶段的目标是通过看书听课学习交流，基本弄清楚心学是讲什么；"证悟"阶段的目标是大家基于一定的方法练习，能体悟所谓的"良知"；"彻悟"的目标是在工作生活中日日"事上磨"，行走坐卧中时时觉察，持续修习，能够日益"明白感悟"。

在整个过程中，项目带领的老师只能算是"学习顾问"，因为"学习顾问"只是修学的指路人，修学的主体是学员自我。

学员自我学习推荐的书籍，会包括像王阳明《传习录》这样的心学经典，也会利用本书来作为学员更加浅显易懂的辅导学习书籍。同时，从更专业的角度，我们也会推荐陈来老师的《有无之境》等书籍来增加大家的认知理解。

企业行动学习项目

"行动学习"是现在业界较为受客户认可的一种学习提升方式。从狭义的角度说，一个团队在解决实际问题中边干边学的形式叫行动学习；而从广义的角度说，凡是客户以基于一个具体的工作相关的议题，以互动的方式来共创和共识的研讨，并且进行实践落地推动，形成一个商业上需要的闭环，这都可以叫行动学习。

因此，从广义的角度说，很多客户在实施训战项目、团队工作坊项目等时，都是行动学习。只是不同的训战、工作坊可能会聚焦不同的业务管理领域。行动学习是非常有价值的一种学习和解决问题的方式，它非常好地践行了"知行合一""相信客户都是有资源、有智慧的"等非常重要和根本的原则。基于"行动学习"的模式，聚焦不同的客户诉求，我们来介绍一下曾经提供的不同的服务。

首先我们在客户行动学习的项目中，是以"企业教练"的方式参与其中的。所以我们先来介绍一下何为"企业教练"。

企业教练服务

我们在前面"教练式领导力"的章节介绍过教练，那个部分的介绍主要是指"一对一"的个人教练方式。我们在为企业提供教练服务时，除了一对一的"个人教练"方式，往往还会提供"团队教练"的服务。有时候我们会统一称之为"企业教练服务"。

可能这么说会有朋友还是似懂非懂，会问，企业教练到底做什么？针对这个问题，我们今天就来说一说。

团队教练做什么？

企业客户在发展成长的过程中，一定会遇到一些可能期望得到一定的外力支持来应对的挑战。

一种情况，这些挑战可能是客户已经相对比较明确清晰的，比如有关战略规划和落实、有关领导力提升、有关团队协作，或者是关于业务突破，等等。而所有这些挑战，用杨国安教授的"杨三角模型"来说，有的是战略的问题，有的是组织激活的问题；而组织激活的"三角"，又包括团队"愿不愿"做，"会不会"做和企业"许不许"做三个维度。

在这些挑战的领域，有时候咨询顾问或者培训师是能产生作用的。顾问会给你提供一个解决方案；培训师会给你讲课，告诉你理论知识、别人的成功案例，或者上课告诉你如何提升能力。

但有时候顾问和培训师可能还是实现不了客户结果导向的要求。顾问的方案虽好，为什么落实不下去？培训师讲得也很精彩，可是我自己应该怎么做？（还是不太能较好地解决"杨三角"框架中团队"愿不愿"或者"会不会"的问题。）

还有的时候，企业客户因为处于一个相对复杂易变不确定和快速发展的环境中，相关业务需求可能还不一定有合适的顾问或者培训课程可以满足需求。那么这个时候，就是团队教练可以发力的机会了。

团队教练说：针对客户的议题和挑战，我们可以和团队一起有一种通过"共创"，形成"共识"，以达到"共振"的做法。首先是通过团队工作坊的形式来进行共创；因为针对挑战的解决方案是大家共创出来的，自然会相对比较容易形成共识；而团队有了共识，再配合相关的激励机制，去推动形成有效协同的一致行动，形成所谓的"共振"。我们知道"共振"的威力是很大的,可以推动我们所期望得到的业务成果。

这里团队教练有一个假设:客户团队是有资源、有能力、有办法可以找到他们所需要的解决方案,并且去落实执行而得到业务效果的。

当然需要说明的是,团队教练是"以终为始",是以客户真正的诉求为中心,核心是帮助客户解决问题获得成长和业务成果。所以在实际场景中,团队教练有时可能会化身为培训师,为客户培训输出一些他们暂时不知道的方法或理论工具等;又有时候团队教练可能也会做一些类似顾问的事情(在具备相关专业度的前提下),为客户提供一些可能需要的建议,供客户参考。这个时候,团队教练可以较好地解决"杨三角"框架中,团队"愿不愿"和"会不会"的问题了。

个人教练做什么?

另外一种情况是,企业的管理者有时会有一些暂时不是特别能想明白的事情、有一些纠结或困惑,或者对推动一些事情缺少动力和能量。这些都是非常正常的事情。这个时候,往往是"一对一"个人教练可以提供价值的时机。

个人教练可能会说:我来和你聊一聊吧,不过我没有建议方案,也许你通过和我的交流可以得到启发,然后自已就能找到办法了。

这里个人教练的一个假设是：你的内在是有办法、资源和能量去应对解决问题的。只是需要一些启发和激发而已。

团队教练和个人教练的异同

团队教练和个人教练有很多相通之处。比如其根本目的和实现方式等方面是相通的。

就根本目的而言，企业的发展要不断地解决不同的事情，但事情是靠人来解决的，企业教练（包括团队教练和个人教练的形式）的根本目的是通过启发和激发人，帮助客户每个人"提升心力，启发认知"，来达到解决事情的目的，最终实现业务成长。所以企业教练是要"事"和"人"兼顾。

而就实现方式而言，两者都是通过某些互动的方式（沟通交流或者利用一些沟通的工具）去创造客户"体验"，让客户个人在"体验"中获得启发和觉悟。

再比如，团队教练也好，个人教练也罢，都要有能力营造出一个安全的氛围，让团队或者个人在其中能够开放地表达和沟通。这是教练辅导有效的一个基本前提。否则，如果团队或个人因为感觉不安全而进入一种自我防卫的心态，则一切有效的交流探讨都将无从谈起了。

团队教练和个人教练也会有很多不同之处。

比如，团队教练在开始前通常会对基于一个什么样的议题或期望获得什么样的成果有比较明确的界定。但个人教练则是遵循被教练对象的需求来确定沟通的议题目标，而且这个议题目标在教练辅导的过程中可能会发生变化。这样的变化通常意味着沟通探寻进入了更深入的层面，是积极和有效的。

再比如，团队教练通常会比较多地用到一些工具，带领大家进行互动研讨演练，在其中大家被启发或激发。而对个人教练而言，工具则不一定是必需，教练可以通过提问等方式，来启发或激发对方。

下面我们介绍一个行动学习的项目场景供大家理解和借鉴。

管理者领导力提升

这几年前前后后和许多家企业有过或深或浅的交流辅导，领导力的提升是大多数客户关心的话题，这也很正常。因为有效提升企业中各级领导者的领导力，是组织能够持续发展的根本支撑。

"管理者领导力提升项目"（High Performance Leadership，以下简称 HPL 项目）就是基于该诉求落地的一个项目。HPL 这个词我们也是借用了 IBM 当年的用词，即"高绩效领导力"。下面结合几家企业的具体情况，我们来简单地描述一下 HPL 项目的框架和场景。

HPL 项目的整体周期是一个 180 天的过程。企业选取一定数量的中基层管理干部参与，不建议人员过多，以 20~30 位为妥，否则互动效果会受一定影响；但也不建议人员过少，因为需要一定规模的人员营造互动学习提升的氛围。项目大概包括下面几个版块：

一、训战工作坊

项目的开始是一个为期两天（或三天）的"HPL 领导力提升训战工作坊"。所谓"训战"，也是华为的用词，是指这个工作坊并不是老师简单培训讲授，而是老师带着学员边学边研讨演练。工作坊主要聚焦于"管理角色认知""管理关键动作""领导力"三个模块。

"管理角色认知"借鉴了华为对干部角色的四个要求，即拿结果、带团队、优机制、传文化。通过深度研讨，输出企业团队自身在这四个方面的角色认知描述。

"管理关键动作"选取管理动作中最核心的目标导向的"选、用、育、留"四个维度进行培训研讨。"选"是如何招聘到合适的人员，其中也会涉及人员面试技巧等具体方法；"用"聚焦在"绩效管理"，包括"目标制定、绩效辅导、绩效评价、绩效结果应用"等版块内容；"育"会重点涉及教练技术的介绍和应用；"留"既是指如何留住好员工（优胜），也是指如何做到"劣汰"。

而"领导力"会重点聚焦在"无我领导力"的培养。提升大家"此心不动、因时制宜"的功力；帮助大家更好处理"和世界（系统）、和他人、和自己"的三种关系；争取去接近"有情绪消得了，有洞察看得清，有担当扛得住，有力量拿得起"的境界。当然，在其中视不同企业参与学员的具体情况，把这部分内容以更加浅显、可落地的方式进行学习。

我们在某家公司落地工作坊的时候，较好地结合了该企业本身的实际情况，在 HR 部门的支持下，获得了公司管理者具体的面试、绩效面谈等场景的实况视频。这些实况视频，比较真实地反映出部分管理者存在的需要提高改进的具体情况，大家基于这些实况场景，进行学习研讨，感触更深刻，理解也更透彻。

二、实践应用

第一次训战工作坊结束后，学员们进入实践应用学习阶段。管理领导力的提升，必须在实践中体会和磨炼。工作坊只是一个起点，而在这个实践应用阶段，有如下几个具体的原则安排。

1. 目标导向

基于"拿结果、带团队、优机制、传文化"的框架，每位管理者确定一个团队管理中需要聚焦提升的议题，并确定相应的目标。基于议题，推动实践行动。

2. 小组制、导师制

公司安排几位高管作为学员的备选导师，学员们填报志愿自主选择导师。基本原则是尽量不选自己直属业务线的领导。公司 HPL 的项目顾问也可以作为小组导师人选供学员选择。根据学员的志愿情况，按一位导师带 4~6 位学员分成若干个实践小组。

导师最主要的作用是根据学员的需要，定期或不定期地进行一对一的沟通辅导；学员在领导力提升学习实践过程中遇到的相关问题，都可以和导师进行沟通请教。通过这种形式，更有针对性地帮助学习进步。

这种"导师可被挑选"的机制安排，也是为了让企业高管导师更加重视和投入。我们在某企业也碰到过，个别导师可能因为各种原因，辅导的投入和效果有限，导致第二阶段几乎没有学员填报这个导师的志愿，出现颇为尴尬的局面。当然也使得该导师后续主动自我反思，在项目上有了更好的投入。

3. 自愿原则

工作坊结束后，是否填报志愿加入后续的实践小组，遵循自愿原则。允许学员不选择，从而退出该 HPL 项目。这个安排的目的，也是因为"学习提升本质上是学员自己的事情"。如果学员自我没有意愿，所有的形式都可能是浪费资源。当然，如果学员放弃参加学习，自己在工作中还是会有优秀的表现，相信公司领导也不会有特别的看法；

但是如果学员本身管理领导绩效有限，而自身也缺乏主动进步的意识和能力的话，公司也可以有一个甄选和判断，也许这个学员就不一定是有潜力的管理领导人选。

4. 小组活动安排

除小组基于议题进行共创解决方案的研讨会议外，小组导师还可以安排小组专题学习会、研讨会、读书会等不同形式的活动，目的都是如何有效帮助学员提升管理领导能力。具体的专题可以大家来提出，多数同意后就可以安排。读书会包括《第五项修炼》、心学、领导力方面的经典书籍学习，等等。当然，读书会也是要理论联系实际，结合工作实践探讨交流，不能为读书而读书。

小组活动还可以包括小组群内日常的基于"觉察"的打卡。大家通过这种形式来提升"无我领导力"的磨炼。

三、阶段性工作坊

在180天项目进展的过程中，还可以安排1~2次全体学员参与的工作坊。

工作坊通常会安排一天。上午半天是总结阶段，会议前要求所有学员提交HPL项目学习实践总结，并通知全体学员，届时会随机挑选数位学员上台汇报总结，公司负责人和高管都会参会。随机挑选汇报学员这种安排的好处，是让大家都认真准备。否则如果会前学员已经知道是别人汇报，自己不需要的话，往往就会缺乏重视。而这种认真的反思总结，对学员自己的持续进步是有非常实际意义的。

工作坊的下午半天，可以安排某项专题针对性地研讨学习。比如我们根据学员的具体需求，安排过教练式领导力的学习，还安排过团队复盘技术的学习。

四、项目结束汇报会

为期180天的项目周期结束后，安排学员汇报会。大家分别进行汇报，并由公司管理层提名评选出"管理优秀进步学员"。同时，非常重要的一项是进行学员的匿名反馈调研，了解学员对项目各部分的反馈情况，以便有效调整，确保项目的有效性和必要性。

根据相关学员在学习过程中的表现，以及实际工作中管理领导力提升和工作绩效的情况，公司可以筛选出合适的"高潜干部"，进入"高潜干部池"，再相对重点地进行培养和观察，为公司未来发展储备合适的好苗子。

五、一对一教练辅导

企业教练在项目过程中，可为学员提供一对一的教练辅导。有的企业把这一部分作为可选项，学员自己确定是否需要个人教练。如果需要，还要自主支付一定费用。这样安排的考虑，是因为教练辅导的发起，如果被教练对象有明确的痛点和需求，才可能有更好的效果；如果企业出于好心，给企业管理者提供教练，但是被教练的管理者对教练的了解不够，而且自我存在一定防卫心态，结果会让教练过程流于形式，达不到应该有的效果。

在整个 HPL 项目推动的进程中，企业可以根据自身的情况和需要安排进行其他相关项目的学习。心学的学习是我们看到相对比较受欢迎的学习项目。同时心学的学习也可以是一个独立进行的项目。

其他训战项目

我们看到企业其他的相对需求比较旺盛的训战项目，会包括战略管理类（如基于 BLM 模型帮助客户梳理及落实战略的《战略：从规划到执行》）、销售管理类（如《打造以客户为中心、使命必达的销售体系》），等等。

这类训战项目，总的推进步骤是：导入（比如可以以学习华为方式或其他方式导入）—结合企业实际业务需求确定议题推进行动学习—形成企业自己的机制流程落地。企业教练在其中起到引领的作用。

我们在这几年参与很多企业学习互动的过程中，也看到了一些可以拿出来进行更多探讨交流的现象，这些探讨、也许可以帮助大家在以后企业成长的过程中，更为有效地学习包括华为在内的业界优秀的标杆。

关于怎么学？

常常看到有客户觉得某些企业的管理优秀、销售优秀、铁三角优秀、海外拓展优秀、IPD优秀,于是"上桌点菜",对症下药地学。这种做法,相信大家在学习的过程中也一定会有或多或少的收获。与此同时,我们看到的这些可能算是一个个"点","点"后面是"面","面"后面有"结构","结构"后面是人的"心智",是企业的管理哲学;或者从另外一个纬度分法,可以分为道、法、术。所以在深入学习"点"(术)的时候,如果能够兼顾看深一些(看到道和法),知其然还知其所以然,应该学习的效果会更好吧!

同时在学习的具体形式上,听老师讲课是一种学法,哪怕课堂上会有一些互动,但也只是一种单向学习吸收的形式;而"训战行动学习法",和客户一起共同打造自己所需要的成果,可能是更有效的学习方式。在这个过程中,客户是一个"知行合一"的学习落地过程,这种过程可以最大程度地避免"上课时有感悟拍巴掌,下课时很激动拍胸脯,过段时间就拍拍屁股去忙别的"的尴尬局面。

我们再来理解一下"道、法、术"。"道"可以是指管理哲学和理念价值观,比如华为的"灰度"哲学和"以客户为中心,以奋斗者为本"的核心价值观;"法"是指制度流程,比如IPD流程;"术"是指做事的具体方法或举措,比如做客户关系的标准动作等。如果学习的是"术",那么是具体执行的团队来学习;如果要学习"道"和"法",那么应该是有决策权力的高管来学。从顾问老师们教的角度,也要注意针对性，否则会极大地影响企业学习的体验和效果。

从"道、法、术"的角度都有收获，最终让自己的企业获得发展，让自己团队的人的心智获得成长，这也是行动学习的精髓所在。总的原则就是——知行合一。

后　记

在书稿即将完稿的前一周，我去参加了一个有关"教练的艺术与科学"的学习。虽然自己起意学习教练已经蛮长时间，也有过一些实践。但是每次新的学习还是会让自己有些不一样的收获和启发，所以很愿意一直保持一种新鲜的学习状态。这次感觉似乎也不错，在学习的课堂上，老师让大家做一个有趣的小练习，去找班上的另外一位同学搭档，两人各自分享一下自己人生中的"高光时刻"。我和另外一位同学搭档好，找了教室的一角站下来，我想：过去的经历中，哪一个时刻可以称之为"高光时刻"呢？

脑海里忽地一下子一个场景蹦出来：数年前，我咬紧牙关，拖着几乎已经僵硬的双腿，越过北京全程马拉松跑道终点的时刻。

在北京马拉松赛之前的一段时间，正好去贵阳出差，在贵阳的秋日里特地去了一趟阳明"龙场悟道"的修文县。对阳明感兴趣已经蛮久了，兴致盎然地看了挺多与阳明有关的书籍，还写过一段自以为很有心得的文字，并且针对阳明说的"人心天然之理，只是一无我而已"还煞有其事地解读道，"你开始相信，开始体悟，你就开始了自我强大之旅"。但其实，虽然我在探头走进那似乎窄窄小小的"阳明洞"时，很希望有什么不一样的体验，可"无我"于我还只是一个概念和两个汉字而已。这也正像我好像看懂了他的"险夷原不滞胸中，何异浮云过太空"的坦坦荡荡，却并不能感受这种"不滞胸中"的境界是种何样的感觉。

然后我就去了北京参加马拉松比赛。那是我第一次参加全程马拉松赛，说实话那是一次狼狈的奔跑，以至于当我强拖着双腿跑过鸟巢体育场旁边的终点时，已经略微过了赛程6小时左右关门的时间。人群还在，终点的计时钟已经关闭，奖牌也已经停止发放。我越过了终点线，强摆出一副灿烂的笑容请人帮忙拍了一张留念照，后面的计时钟已经没有了显示。等我缓过神来发在朋友圈的时候，还有不知情的朋友留言问我成绩如何，为何不挂上奖牌显示一把。

如果再要描述那42公里奔跑的过程，简直可以算作负面典型例子。赛前的准备训练并不足够，赛前1周多还有一点小感冒，而且似乎我对第一次要面对的那42公里明显缺乏科学的预判。起跑枪声在天安门广场响起时，我精神抖擞地冲了出去，前面的15公里还不时地加速，偶尔略微得意地看一眼被我超过的正在不声不响奔跑的选手。到了15公里时，似乎便觉得胜算在望了，赛前定下的顺利6小时内"跑"（而不是连跑带走）完全程的目标好像不是那么难以实现。

然而我确实太天真了。半程21公里后猛然就进入了下半程，不但是赛道的下半程，也是我感受的下半程。腿开始发沉，有种呆滞沉重的感觉一阵阵泛出来，好像在提醒我"跑不动了、跑不动了"。终于到了30公里，我记得不是自己停了"奔跑"，大脑并没有发出这样的指令，是双腿"将在外，君命有所不受"，自动地开始散步行进。然后开始1公里……1公里……1公里……地苟延残喘。一会挣扎着再跑一跑，一会又再走一走，后面的收容车，不紧不慢地跟着我们一帮落伍的队伍，每隔一会儿就有不同的人实在坚持不住上了收容车，宣布自己放弃。

已经忘了那时候是什么让我还是坚持着一步步逼近了鸟巢的终点。印象深刻的是：我瘫坐在鸟巢终点后的地上时，波澜不惊地看着旁边欢乐的人群，不悲不喜，忽然似乎明白了阳明"险夷原不滞胸中"大约是什么感觉。因为身体极度疲惫，那时可能是因为顾不上而在大脑里似乎没有了任何杂念。那一刻，我觉得用42公里的煎熬换来这一刻的自在，好像也不是那么不值得。

后来我在朋友圈记录下了那时的感受："鸟巢北马终点，周围喧嚣而欢乐；瘫坐地上，腿如铅沉，心似水静。"

如果有人要问我什么是阳明所说的"无我"境界，我会愿意用那一刻的感受来形容。

而这一次课上的分享契机，忽然自己又有了新的领悟：那种无我时刻，即是我自己心目中的高光时刻！人生高光，无关他人！

　　这是否也是我缘起想要完成这本书稿的起因？

　　唯有文字流淌出来，我没有答案！

王坪
2025 年 5 月 23 日

参考书目

[1] 大卫·迪绍夫著.元认知：改变大脑的顽固思维[M].北京：机械工业出版社，2014.

[2] 詹姆斯·吉米安、柏瑞·博伊斯著.全胜：复杂时代领导者需要的视野、实践和行动[M].北京：机械工业出版社，2020.

[3] 沃伦·本尼斯著，徐中、姜文波译.成为领导者[M].杭州：浙江人民出版社，2016.

[4] 理查德·道金斯著.自私的基因[M].北京：中信出版社，2018.

[5] 彼得·圣吉著.第五项修炼[M].北京：中信出版社，2009.

[6] 彼得·圣吉、奥托·夏莫、约瑟夫·贾沃斯基、贝蒂苏·弗劳尔斯著.第五项修炼·心灵篇[M].北京：中信出版社，2010.

[7] 彼得·德鲁克著.卓有成效的管理者[M].北京：机械工业出版社，2018.

[8] 沃伦·本尼斯、伯特·纳努斯著.领导者[M].

杭州：浙江人民出版社，2016.

［9］约翰·C.麦克斯韦尔著.领导力21法则［M］.北京：北京时代华文书局，2016.

［10］奥托·夏莫著.U型理论：感知正在生成德未来［M］.杭州：浙江人民出版社，2013.

［11］吉姆·柯林斯著.从优秀到卓越［M］.北京：中信出版社，2009.

［12］威廉·大内著.Z理论［M］.北京：机械工业出版社，2013.

［13］吴震著.朱子学与阳明学［M］.北京：北京大学出版社，2022.

［14］宫玉振著.曾国藩领导力十二讲［M］.北京：北京大学出版社，2019.

［15］王阳明著，陆东风译.传习录：一本书读懂阳明心学［M］.北京：中国华侨出版社，2013.

［16］陈来著.有无之境：王阳明哲学的精神［M］.北京：北京大学出版社，2006.

［17］刘澜著.领导力沉思录［M］.北京：中信出版社，2009.

［18］石川康著.稻盛和夫全传［M］.北京：电子工业出版社，2013.

［19］王育琨著.任正非找北［M］.北京：东方出版中心，2020.

［20］黄卫伟主编.以客户为中心［M］.北京：中信出版社，2016.

［21］吴建国著.华为团队工作法［M］.北京：中信出版社，2019.

［22］冉涛著.华为灰度管理法［M］.北京:中信出版社，2019.

［23］陈雨点著.华为人才管理之道［M］.北京:人民邮电出版社，2020.

［24］吴士宏著.越过山丘：打破人生与事业的迷障［M］.南京:江苏文艺出版社，2022.